PARA PRINCIPIANTES

QI GONG

PARA PRINCIPIANTES

# QI GONG

*Dr. Stanley Wilson*

editorial Sirio, s.a.

Título original: QI GONG FOR BEGINNERS
Traducido del inglés por Miguel Iribarren Berrade

© 1997, Stanley D. Wilson

© Fotografía de portada:
Rudra Press
P.O. Box 13390
Portland, Oregon 97213

© de la presente edición
EDITORIAL SIRIO, S.A.          Ed. Sirio Argentina
C/ Panaderos, 9               C/ Castillo, 540
29005-Málaga                  1414-Buenos Aires (Argentina)
E-Mail: edsirio@vnet.es

I.S.B.N.: 84-7808-347-2

*Printed in Spain*

*Para Debrah y Noelle,*
*mis amadas esposa e hija*

*...haz posible lo imposible, lo posible fácil, y lo fácil elegante.*

—MOSHE FELDENKRAIS

*Conocer los antiguos principios es la esencia del Tao.*
          —LAO TSÉ
          *Tao Te Ching (14)*

*En la búsqueda del aprendizaje, cada día se adquiere algo. En la búsque-*
*da del Tao, cada día se abandona algo.*
          —LAO TSÉ
          *Tao Te Ching (48)*

*Qi Gong* (chi kung): 1) Un antiguo método oriental de acumular y equilibrar la energía de vida a través del ejercicio. 2) Nombre genérico que se da a distintos grupos de ejercicios que resaltan el papel del movimiento, de la respiración adecuada, y de la concentración.

En 1979 me interesé por el shiatsu o acupresión, una forma de terapia que se realiza aplicando cierta presión con los dedos en distintas áreas y puntos del cuerpo tratados por la acupuntura. Tomé clases de Iona Marsaa Teeguarden en el taller de acupresión de Santa Mónica, California, para aprender la teoría y técnica del Jin Shin Do («El Camino del Espíritu Compasivo»), una terapia de acupresión originada y desarrollada por Iona que integra la teoría de la acupuntura con los principios reichianos y el «yoga taoísta». Mi intención era integrar los principios de la acupresión y la terapia corporal reichiana para facilitar una liberación más profunda de las tensiones musculares crónicas (la armadura), con las que trataba diariamente en mi consulta de psicólogo. Iona había estudiado en Japón y en Estados

Unidos con numerosos maestros de las artes sanadoras orientales y evidentemente era una sanadora de talento. Las cosas sucedieron de forma que el mayor don que Iona me transmitió no fue la técnica de la acupresión, sino una meditación en movimiento originada en Oriente hace aproximadamente dos mil años.

Una noche, después de todo un día de instrucción y práctica, Iona nos enseñó a realizar una secuencia de ejercicios simples pero llenos de fuerza que me recordaban al Tai Chi, aunque eran mucho más fáciles de aprender. El nombre que se da a estos ejercicios es Pal Dan Gum, que traducido del coreano significa ocho movimientos de seda (en este libro haré referencia preferentemente al nombre original más que al traducido, que es ocho movimientos de seda u ocho movimientos fáciles).

Cuando empecé a imitar los movimientos y estiramientos de Iona, me sentí exhausto e irritado, pero en tan sólo seis minutos me quedé notablemente relajado y energetizado. El repentino cambio en la manera de sentirme física y emocionalmente me sorprendió mucho, e hizo que me preguntara qué me había ocurrido. Me di cuenta de que el Pal Dan Gum era extraordinario, y comencé a practicarlo diariamente, práctica que he continuado hasta el día de hoy.

Habiendo aprendido Tai Chi, ya estaba familiarizado con la antigua práctica de usar los ejercicios energéticos para favorecer la salud y la longevidad. Disfrutaba de la lentitud y de la gracia del T'ai Chi, pero prefería con diferencia el Pal Dan Gum, y no sólo por ser más fácil de aprender, sino también porque sus movimientos parecían más dinámicos y energetizantes. Iona fue una maestra excelente que me dio instrucciones precisas. Hice los preparativos para que pudiera enseñar Pal Dan Gum y acupresión a los médicos, enfermeras y fisioterapeutas del hospital donde yo trabajaba.

Solemos enseñar lo que queremos llegar a dominar a la perfección, y yo quería llegar a dominar el arte del Pal Dan Gum. Decidí escribir un libro que diera instrucciones claras y tuviera suficientes fotografías como para hacer que la secuencia de movimientos fuera comprensible y fácil de aprender. En los dieciocho años transcurridos desde que aprendí Pal Dan Gum, he realizado la secuencia completa de movimientos más de 10.000 veces. Durante estos años también he dedicado incontables horas al estudio de la filosofía médica oriental, el yoga esotérico taoísta, el raja yoga indio, la psicología budista, y diversas formas de meditación, de sanación y de medicina energética. He enseñado Pal Dan Gum a cualquiera que haya mostrado el menor interés por aprenderlo: amigos, familiares, pacientes, otros profesionales de la salud e incluso a extraños que me veían practicar en la playa y me preguntaban qué estaba haciendo.

En realidad, el Pal Dan Gum es fácil de enseñar, fácil de aprender y fácil de practicar. Si no tienes el interés o la energía necesarios para practicar aerobic, tablas de ejercicios con aparatos u otras disciplinas en las que domina la filosofía del «sin dolor nada se logra», y sin embargo, quieres estar en buena forma física, te encantará el Pal Dan Gum. Si prefieres una tabla de ejercicios exigente, el Pal Dan Gum puede ser un excelente calentamiento para tu rutina habitual. De hecho, su insistencia en los estiramientos suaves hace del Pal Dan Gum el calentamiento ideal, o el ejercicio ideal para ir bajando el ritmo casi en cualquier actividad deportiva: natación, golf, esquí, bolos, levantamiento de peso, deportes de raqueta o cualquier otro de tu elección. El Pal Dan Gum puede practicarse en cualquier lugar: en casa, en el trabajo o durante los traslados de ida y vuelta. En China, Corea y Japón, personas de todas las edades llenan parques y plazas cada mañana para realizar su ejercicio favorito, una tradición que el resto del mundo haría bien en emular.

El Pal Dan Gum también es ideal si no tienes el tiempo o la paciencia necesarios para aprender las más de 100 posiciones del Tai Chi y sin embargo deseas practicar una meditación-en-movimiento que te permita lograr una salud óptima. Y tampoco son necesarios treinta minutos o más para realizar la secuencia de movimientos: ¡El Pal Dan Gum sólo requiere seis minutos de principio a fin! No necesitas ningún apoyo especial, ni ropa especial, ni equipamiento para hacer ejercicio ni un entorno especial para ponerte en marcha. El capítulo 6 da instrucciones y presenta fotografías claras y paso a paso de cada uno de los ocho movimientos de seda. *¡Pero, por más tentador que te resulte, por favor no des un salto y comiences ya a realizar los ejercicios!* Lee antes los primeros capítulos para aprender cierta información esencial y necesaria, que te proporcionará una base firme para tu práctica.

– El capítulo 1 explica el concepto fundamental: qué es el Qi o energía vital que sustenta toda vida. El Qi Gong se explica como un antiguo método de acumular y equilibrar esa energía.

- El capítulo 2 hace un seguimiento de los orígenes del Pal Dan Gum en la antigua escuela médica de Qi Gong, y lo compara con el Tai Chi, que nos es más conocido.
- El capítulo 3 enseña el ritmo de respiración adecuado, y cómo el Pal Dan Gum anima y condiciona dicho ritmo, así como los numerosos beneficios para la salud que pueden obtenerse con su práctica.
- El capítulo 4 explica la importancia de tener el cuerpo en forma.
- El capítulo 5 trata del entrenamiento mental.
- El capítulo 6 ofrece directrices prácticas e instruye sobre la ejecución de cada movimiento.
- El capítulo 7 ofrece diversas sugerencias para perfeccionar la práctica.
- El capítulo 8 define lo que es una salud óptima y explica la autocuración.
- El capítulo 9 enseña dos meditaciones de Qi Gong en posición sentada para conservar la salud y favorecer la sanación.

*Una advertencia*: Pal Dan Gum es una secuencia de ocho ejercicios suaves, sin apenas impacto, orientados a mejorar la salud. Sin embargo, como cualquier otro  tipo de ejercicio o programa de estiramientos, los movimientos que se enseñan en este libro podrían producir alguna lesión. Si actualmente te encuentras en rehabilitación o sientes dolor en alguna zona del cuerpo, por favor consulta con un profesional de la salud antes de comenzar la práctica. Si la realización de estos ejercicios produce dolor o lo agudiza, detente y obtén ayuda profesional antes de continuar.

****

El Pal Dan Gum ha sido parte integral de un régimen de sanación que me ha permitido recuperarme misteriosamente de una enfermedad mortal. Aunque no puedo prometerte ningún milagro, estoy convencido de que la realización de estos simples pero poderosos ejercicios mejorará significativamente tu salud y tu longevidad.

Los ocho movimientos de seda están orientados a mejorar nuestro bienestar físico, emocional y espiritual, restituyendo un flujo energético fuerte y equilibrado en todo el cuerpo. Si practicas diariamente siguiendo las directrices de este libro, puedes esperar los siguientes beneficios:

- Fortalecer la totalidad de tu cuerpo.
- Mejorar el alineamiento postural y la flexibilidad.
- Aliviar dolores y molestias musculares.
- Favorecer una respiración más profunda y eficiente.
- Elevar los niveles energéticos y el vigor.
- Estimular el sistema inmunológico para prevenir o sanar enfermedades.
- Facilitar la relajación y reducir el estrés.
- Volver a tu talla y estado óptimos.
- Incrementar el apetito sexual y mejorar el funcionamiento sexual en general.
- Mejorar la circulación de la sangre y el funcionamiento cardiovascular.
- Mejorar la digestión.
- Aumentar la longevidad y prolongar la juventud.
- Crear bienestar emocional y mantener un planteamiento positivo de la vida.
- Cultivar la concentración, la autoconsciencia y la disciplina.
- Llevar una vida más orientada hacia la espiritualidad.

Como me he beneficiado tanto de mis años de práctica del Pal Dan Gum, estoy convencido de que debo compartirlo con todo el mundo. Este libro sirve para transmitirlo a otros que también podrían beneficiarse y esta es mi manera de expresar una sentida y profunda gratitud hacia este extraordinario arte sanador. El Pal Dan Gum funciona. Y, como reza el dicho: «Basta con practicarlo».

## capítulo 1

*El Qi Gong puede revelar el misterio de la vida. Es el mejor modo de hacer avanzar la ciencia médica del mundo y traer la salud, la longevidad y la sabiduría a la humanidad.*
—Tzu Kuo Shih

# ¿Qué es el Qi Gong?

Durante siglos, la filosofía médica oriental ha mantenido la creencia de que en todo el universo existe una energía misteriosa e invisible. Esta energía vital activa y sustenta la vida, e impulsa las acciones de todas las cosas vivas. Según la visión de los antiguos filósofos taoístas, esta energía impregna el organismo humano, haciendo de él una vasta trama energética. Los antiguos sabios conocían lo que la ciencia actual y la física teórica acaban de descubrir recientemente; a saber: que nuestros cuerpos y mentes son básicamente campos de energía que vibran y se mueven a distintas velocidades y de diferentes maneras. Estos campos energéticos están interconectados: interactúan con la materia, se afectan entre sí y asumen una forma particular que identificamos como el cuerpo humano.

Hay ciertas actividades particulares que sustentan la vida, como respirar, comer, beber, dormir, pensar, elegir, hacer ejercicio: todas y cada una de ellas cesarían si no se produjera un abastecimiento constante de energía. La energía sustenta y mantiene todas las estructuras y funciones del cuerpo; es la fuerza vital que nutre las células, los tejidos y los distintos subsistemas interactuantes del cuerpo (por ejemplo, el sistema nervioso, el sistema óseo-muscular, el sistema circulatorio y el sistema inmunológico). Esta energía de vida es lo que los antiguos denominaron Qi (pronunciado «chi»). Para definir y comprender el Qi Gong («chi kung»), primero debemos definir y comprender el Qi.

## qi: la energía de vida

*El meridiano es eso que decide sobre la vida y la muerte.*
—Nei Ching

Los antiguos manuscritos taoístas proponen la existencia de una energía sutil e informe que emana del sol, de la luna y de la tierra, y que impregna la naturaleza. A esta energía se le llamaba «Qi» y es la energía vital que sustenta todas las cosas vivas. El Qi es lo que nos mantiene vivos desde el momento de nuestra concepción hasta el momento de nuestra muerte. Es la energía de la vida que fluye por todo el cuerpo a lo largo de unos pequeños canales muy precisos llamados «meridianos». Estos meridianos son los ríos y las corrientes de nuestro cuerpo: canalizan y transportan la energía vital a cada célula, músculo, órgano y sistema.

La existencia de la fuerza de vida es un concepto central en los sistemas de creencias y en las filosofías médicas de muchas culturas antiguas. El Qi recibe del nombre de «chi» en China, «Ki» en Japón, «Prana» en la India, «El Gran Espíritu» en la América indígena, «Num» en las grandes llanuras africanas y «Lapa'au» en la tradición chamánica Kahuna de Hawai. Los antiguos griegos usaban la palabra «pneuma» para referirse a ese espíritu vital o energía invisible que mantiene de una pieza a todas las cosas vivas. Qi es lo que el filósofo francés Henri Bergson llamaba el «élan vital», la fuerza vital presente en todas las cosas vivas que es fuente de causalidad y evolución en la naturaleza. El psicoanalista austríaco Wilhelm Reich se refirió al Qi como «orgono», la fuerza de vida universal que emana de toda materia orgánica. Él creía que el propio bienestar físico y emocional dependía de que hubiera un flujo ininterrumpido de energía biológica en el cuerpo. Este aspecto de la teoría reichiana guarda una similitud asombrosa con la cosmología taoísta.

# yin y yang: el equilibrio de la vida

*Las diez mil cosas llevan el yin y abrazan el yang.*
*Ellas alcanzan la armonía combinando estas dos fuerzas.*
—LAO TSÉ
*Tao Te Ching (42)*

Este concepto básico de que el Qi fluye a través del sistema de meridianos está muy relacionado con los principios cósmicos del «yin» y el «yang». Yin y yang son tendencias inseparables del Qi. Coexisten como fuerzas opuestas pero complementarias, como los polos positivo y negativo de un imán. Según la teoría yin/yang, estas dos fuerzas se combinan para producir todas las cosas del universo. Y no sólo las cosas, sino también las cualidades y situaciones deben tener su opuesto para mantenerse en equilibrio. Así, cada cosa que vemos y experimentamos es al mismo tiempo una unión de opuestos y un acto equilibrador de la naturaleza: el cielo equilibra la tierra, el día equilibra la noche, el calor equilibra al frío. Yin es el principio cósmico suave, femenino, calmado y oscuro; una cualidad de la noche, de la luna y del agua. Yang es el principio cósmico duro, masculino, energético y ligero: la cualidad del día, del sol y del fuego.

El símbolo yin/yang representa la teoría taoísta del universo, establecida en el *I Ching* (o *Libro de las mutaciones,* procedente de unos 1.000 años antes de nuestra era). Yin y yang expresan que la vida es un proceso y que nosotros somos parte de ese proceso. Existe un dar y tomar continuo entre el yin y el yang, y el intercambio entre dichas fuerzas es la danza de la vida. El símbolo yin/yang fluye constantemente: la porción negra (yin) fluye en la blanca, y la blanca (yang) fluye en la negra. El hecho de que cada porción fluya dentro de la otra indica que el universo está en un flujo constante y que el cambio es inevitable. El hecho de que cada porción restrinja también a la otra nos recuerda que yin y yang son fuerzas inseparables y una no existe independiente de la otra (no hay tierra sin cielo, noche sin día, masculino sin femenino).

El símbolo yin/yang representa los principios y las dinámicas que gobiernan el universo. Su forma de círculo nos habla del equilibrio y la totalidad de la naturaleza, así como de la eterna unidad del universo.

El símbolo yin/yang

Así este símbolo es una forma de clarificar la relación entre las partes de una totalidad, ya se trate de todo el ecosistema terráqueo o de un cuerpo humano individual. Siguiendo el círculo una y otra vez, el símbolo yin/yang se convierte en una espiral de cambio: el yin se convierte en yang, que se convierte en yin, que se convierte en yang, y así sucesiva e indefinidamente. El punto blanco sobre el fondo negro y el punto negro sobre el fondo blanco nos recuerdan que incluso cuando una fuerza es la dominante, todas las cosas contienen también la otra fuerza. Lo ideal, tanto en el universo como en la vida, es ser al mismo tiempo yin y yang, alcanzar el equilibrio correcto y estar en armonía. Por ejemplo, en la cultura norteamericana (hablando en general) los hombres tienden a ser demasiado masculinos y las mujeres tienden a ser demasiado femeninas; tanto unos como otras necesitan equilibrarse desarrollando sus lados opuestos.

La teoría yin/yang es el principio fundamental de la filosofía médica oriental. Se aplica a todos los métodos de sanación, como el Qi Gong, la acupuntura, la acupresión, el masaje y la herbología. Cuando el yin y el yang están en equilibrio, el Qi fluye libremente y disfrutamos de buena salud. Cuando el yin y el yang están desequilibrados, el Qi se queda bloqueado, produciéndose la enfermedad. Un flujo libre de Qi significa que la energía curativa puede llegar a las partes del cuerpo donde más se necesita. Si el flujo de Qi en un meridiano particular es deficiente (demasiado yin) o excesivo (demasiado yang), el sistema de órganos nutrido por ese meridiano perderá vitalidad. Cuando se restaura el delicado equilibrio entre yin y yang, se recupera la vitalidad. Si el conjunto de la energía deja de fluir, sobreviene la muerte. Viviendo en equilibrio y armonía con nosotros mismos y con el universo podemos alcanzar una salud óptima y tener una larga vida.

# la ley de los cinco elementos

*Ya posees la preciosa mezcla que te pondrá bien. Úsala.*

—RUMÍ

Yin y yang se combinan para producir todas las cosas, y las interacciones entre ambas fuerzas siguen un ciclo natural. Este ciclo opera de acuerdo con los elementos físicos que encontramos en la naturaleza: agua, madera, fuego, tierra y metal; los cinco elementos clásicos. Estos elementos son, literalmente, los componentes o ladrillos básicos del universo, la «materia» de la que está hecho el mundo material. Los cinco elementos son inherentes a toda materia viva, que se organiza en totalidades orgánicas. Tomados simbólicamente, cada uno de los cinco elementos representa una fuerza o un movimiento de energía:

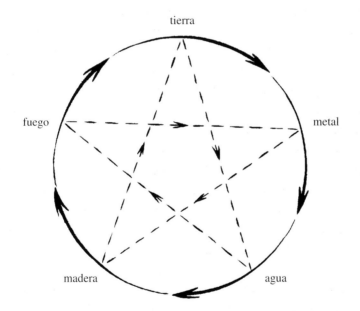

- El agua representa la energía descendente.
- La madera representa la energía en expansión.
- El fuego representa la energía ascendente.
- La tierra representa la energía de conexión.
- El metal representa la energía de solidificación.

Según la cosmología taoísta, todo lo que ocurre en el universo está regulado por los distintos movimientos de energía que siguen la denominada «Ley de los cinco elementos». Estos cinco movimientos de energía forman un elaborado sistema de interacción e influencia, y cualquier referencia a un movimiento de energía implica a todos los demás porque son funcionalmente interdependientes. Esto significa que las energías del universo y las que recorren nuestro cuerpo siempre están en relación y afectándose unas a otras, elevándose, hundiéndose, expandiéndose, solidificándose y conectándose simultáneamente.

La ley de los cinco elementos opera como una ley de creación y una ley de destrucción (véase el diagrama). Para asegurarse de que un movimiento de energía no sea demasiado débil o pasivo (yin), o demasiado fuerte y dominante (yang), cada elemento tiene un ciclo creativo y un ciclo destructivo. En el ciclo creativo (flechas externas), cada elemento expresa su creatividad esencial en su interacción con otros elementos. Esto significa que cada elemento usa su energía para «crear» otro elemento que, a su vez, crea el siguiente. Así, el agua hace nacer la madera; la madera da lugar al fuego; el fuego produce la tierra; la tierra genera el metal y el metal nutre el agua. En el ciclo destructivo (flechas internas del diagrama), cada elemento usa su energía para controlar o «destruir» a otro. El agua extingue el fuego; el fuego funde el metal; el metal corta la madera; la madera limita la tierra y la tierra consume el agua.

Los taoístas aplican estos ciclos de creación y destrucción para comprender y explicar todo lo que ocurre en el universo, desde el movimiento de las estrellas hasta el flujo del Qi en el cuerpo humano. Como ejemplo, consideremos la correspondencia de cada elemento con el ciclo de las estaciones y veamos su color asociado. El agua domina en invierno y se corresponde con el color azul; la madera domina en primavera y se corresponde con el color verde; el fuego domina en verano y se corresponde con el color rojo; la tierra domina a finales de verano y se corresponde con el color amarillo; y el metal domina en otoño y se corresponden con el color blanco o dorado. Esto demuestra que la progresión de las estaciones sigue de manera natural los cinco movimientos de energía, por ejemplo, el agua (azul) del invierno desciende al suelo para crear la madera expansiva (verde) de primavera.

Los cinco elementos que rigen el universo también regulan la actividad de nuestro cuerpo y de nuestra mente. Esto significa que los distintos movimientos de energía no sólo influyen en los elementos naturales, sino que también afectan a nuestros órganos vitales, a nuestros sentimientos y a nuestras acciones (véase el cuadro inferior). Cada sistema de órganos y el canal de energía que lo alimenta están asociados con uno de los cinco movimientos y con la emoción y el comportamiento correspondientes. Un problema en el Qi del riñón (agua) hará que experimentemos una sensación de «aprensión», que producirá dolor de espalda y un comportamiento quejoso. Cuando tenemos un problema con el Qi del hígado (madera), la ira se «expande» hasta que tenemos ganas de acabar con alguien. El Qi del corazón (fuego) hace que «surjan» la risa y la alegría, pero un exceso de fuego aumenta demasiado la presión sanguínea. Si tenemos un problema con el Qi del bazo (tierra), nos sentiremos preocupados y hablaremos demasiado porque estaremos plenamente «conectados» con nuestros problemas. Un problema con el Qi del pulmón (metal) hará que el dolor se «solidifique» y necesitaremos llorar.

Los cinco elementos y sus asociaciones naturales

|  | agua | madera | fuego | tierra | metal |
|---|---|---|---|---|---|
| **Energía** | descendente | expansiva | ascendente | conectante | solidificante |
| **Estación** | invierno | primavera | verano | final de verano | otoño |
| **Color** | azul | verde | rojo | amarillo | blanco/oro |
| **Órgano** | riñón | hígado | corazón | bazo | pulmón |
| **Emoción** | miedo | ira | alegría | preocupación | lamento |
| **Comportamiento** | queja | grito | risa | charla | llanto |

Los taoístas consideran que la ley de los cinco elementos es tan real como, por ejemplo, la ley de la gravedad. No hace falta que comprendamos detalladamente cómo opera esta ley pero, como la salud y la sanación siempre implican una transformación de la energía, es importante entender los siguientes principios básicos:

- *El organismo humano funciona como una totalidad unificada que es mayor que la simple suma de sus partes.*
- *Las energías del agua, la madera, el fuego, la tierra y el metal se crean y se destruyen mutuamente para equilibrar los flujos energéticos corporales en todo el organismo.*

Esto significa que si un elemento (movimiento de energía) se torna demasiado fuerte o dominante, se producirá un desequilibrio entre yin y yang. Dicho desequilibrio, a su vez, obstruirá el libre flujo del Qi a los órganos internos correspondientes a ese elemento, por lo que se presentarán los primeros síntomas. Como los distintos sistemas corporales son interdependientes, este desequilibrio energético afectará a otras partes de la totalidad. Por ejemplo, las dificultades en el sistema respiratorio afectan directamente al sistema inmunológico.

Una vez más, aquí la salud se describe como un estado de equilibrio, la enfermedad como el desequilibrio, y nuestro cuerpo como un sistema energético. Así, comprender la ley de los cinco elementos es comprender la ley de causa y efecto en lo relativo a los indicadores de la salud y a los síntomas de la enfermedad. Esta ley implica que podemos aprender a sentir el flujo de energía en diversas partes del cuerpo y así mantener el equilibrio. Cuando podemos mantenernos en equilibrio somos capaces de conservar la relajación corporal y la paz mental en cualquier circunstancia. Éste mismo planteamiento holístico inspiró a los antiguos maestros a realizar ciertos movimientos corporales para acumular y equilibrar el flujo del Qi. Ahora sabemos lo que ellos sabían hace siglos: para producir un estado de equilibrio que mantenga la salud óptima necesitamos practicar el Qi Gong diariamente.

## qi gong: un método para acumular y equilibrar la energía

*Si haces ejercicios externos, debes hacer ejercicios internos.*
—PROVERBIO TAOÍSTA.

Qi Gong a veces se escribe Qigong (en una sola palabra), pero sigue siendo una combinación de «Qi» y «Gong». Si Qi es la energía, la fuerza de vida, ¿qué es Gong? Esta palabra hace referencia a aquel trabajo o ejercicio que requiere al mismo tiempo estudio y práctica; también se refiere a un método de entrenamiento diseñado para lograr cierta habilidad u objetivo. Resulta difícil hacer una traducción objetiva de Qi Gong porque ambas palabras tienen muchos significados, pero una aproximación sería: «Método para acumular y equilibrar la energía a través del ejercicio». O, para decirlo brevemente, Qi Gong significa trabajo energético o ejercicio energético. Definido así, el Qi Gong se convierte en el nombre genérico que se asigna a diversos conjuntos de ejercicios diseñados para fortalecer y equilibrar la energía de vida que conecta cuerpo, mente y espíritu. Lo que tienen en común tales ejercicios es la función que desempeñan en ellos el movimiento, la concentración y la respiración.

El Qi Gong puede praticarse de manera activa (en la que domina el yang) o de manera pasiva (en la que domina el yin). El Qi Gong activo es asertivo y dinámico; incluye movimientos diseñados para hacer que el Qi fluya libremente por los canales energéticos corporales favoreciendo la salud y la longevidad. El Pal Dan Gum es un ejemplo de Qi Gong activo. El Qi Gong pasivo es más tranquilo y estático, y en él no se producen movimientos (como ejemplo citaremos los distintos tipos de meditación que se practican tumbado, sentado o de pie). Tanto el Qi Gong activo como el pasivo se consideran métodos de ejercicio «interno». Mientras que los ejercicios «externos» como correr, nadar o el karate expanden la energía, los ejercicios internos la acumulan, equilibrando los niveles energéticos. Tanto el Qi Gong activo como el pasivo equilibran yin y yang, pero los distintos tipos de Qi Gong se orientan hacia objetivos específicos. La mayoría están diseñados para mejorar la salud y la longevidad, pero en algunos de ellos cobra más importancia el entrenamiento en las artes marciales, la calma mental o la búsqueda de la iluminación espiritual.

## la historia del qi gong

El Qi Gong posee una larga y fascinante historia, aunque sus orígenes precisos se pierden en la noche de los tiempos. En general, se cree que el Qi Gong se originó hace cinco mil años, pero algunos historiadores sugieren que podría haberse creado durante la Edad de Piedra, ¡hace diez mil años! La historia escrita del Qi Gong comenzó hace casi tres mil años cuando los principios del yin y del yang se introdujeron en China a través del *I Ching* (*Libro de las mutaciones*). Durante ese periodo se usaron movimientos parecidos a una danza y posturas que imitaban a las de los animales para mejorar la circulación y favorecer la salud en general.

Hacia los tiempos de Jesucristo, la influencia del taoísmo, del budismo y del confucianismo creció en Oriente y floreció la era del Qi Gong religioso.

Cada una de estas religiones desarrollaron distintas escuelas de Qi Gong de acuerdo a sus filosofías particulares y a sus propios métodos de entrenamiento. Hasta hace muy poco, las teorías y técnicas del Qi Gong religioso eran mantenidas en secreto en los templos y monasterios de China. El Qi Gong taoísta fue probablemente el método de entrenamiento original y estaba diseñado para prolongar la longevidad cultivando los elixires de vida corporales (sustancias de las que se cree que mantienen la vida indefinidamente). La práctica del Qi Gong está gobernada por los principios expuestos en el *Tao Te Ching* (la filosofía esotérica china escrita por Lao Tsé en el siglo VI a. C.) y pone el énfasis en el movimiento suave, la relajación y la espiritualidad práctica. El budismo procedente de la India creó un estilo de Qi Gong que proponía movimientos más activos y dinámicos, la concentración mental y la iluminación espiritual. Los confucianos practicaban el Qi Gong para mejorar el carácter y producir una «persona superior», es decir, con un planteamiento de la vida más ético e intelectual. Puede que haya miles de maneras de practicar el Qi Gong, pero la mayoría de ellas tienen sus raíces históricas en las escuelas budista y taoísta.

La era del Qi Gong religioso duró desde el tiempo de la dinastía Han (aproximadamente 206-220 a.C.) hasta la dinastía Liang (aproximadamente 502-557 d.C.). Fue dando lugar gradualmente a un estilo peculiar, empleado por los practicantes de artes marciales para acumular fuerza muscular y convertirse en mejores luchadores. La era arte marcial del Qi Gong estuvo muy influida por las teorías y técnicas de las escuelas taoísta y budista; los ejercicios de Qi Gong eran realizados con la máxima concentración para desarrollar habilidades físicas y de lucha. El Kung Fu Shaolín, popularizado en la década de los setenta por la serie de televisión «Kung Fu», es tal vez la forma más antigua y conocida de las artes marciales Qi Gong. Resulta muy interesante que en el templo Shaolín en Henan, China, haya estatuas de monjes realizando movimientos de Qi Gong muy parecidos a los que enseñamos en este libro. Esto sirve para recordarnos que, aunque puede haber muchos estilos y variedades distintas de Qi Gong, todas comparten las raíces comunes de las escuelas taoístas y budistas.

La siguiente era en la práctica del Qi Gong resaltó los beneficios médicos de las artes físicas. En el curso de la enseñanza y la observación, los sanadores taoístas descubrieron que ciertas series de ejercicios, además de favorecer la salud, curaban enfermedades (dinastías Sung, Gin y Yuan; 960 al 1368 d.C.). A partir de sus observaciones se creó el Qi Gong médico, basado principalmente en la filosofía taoísta y en el conocimiento médico de la circulación del Qi. Durante este periodo se produjeron muchas mejoras en la teoría y en la técnica de la acupuntura. También se realizaron avances similares en la comprensión del cuerpo humano, y se fundaron muchos métodos nuevos de Qi Gong que destacaban el aspecto de meditación activa y el movimiento frente a la meditación pasiva. Así, el Qi Gong médico hace uso de los ejercicios energéticos para fortalecer y equilibrar el Qi, mejorar la respiración y la circulación, y estimular el sistema inmunológico. Esta tendencia general continuó hasta el final de la dinastía Chang (1911 d.C.), cuando el Qi Gong se convirtió en objeto de rigurosos estudios científicos. Actualmente, la teoría del Qi Gong se centra en diversos métodos de entrenamiento corporal, mental, respiratorio y del Qi, para mantener una salud vibrante y sanar las enfermedades.

## los tres tesoros del qi gong

*Para realizar el objetivo de sentirnos en unidad con el universo,*
*debemos trabajar activamente en estos tres aspectos o esferas,*
*participando en el profundo brillo eterno de la vida universal.*
—Maoshing Ni

*El Qi Gong también puede definirse como el arte de desarrollar lo que los antiguos denominaron «los tres tesoros de la vida»: Jing (esencia), Qi (energía) y Shen (espíritu).* Esta definición del Qi Gong es un poco más esotérica y apenas se comprende fuera de los templos y monasterios taoístas. Indica que el Qi Gong, si se realiza adecuadamente, además de un método de acumular y equilibrar la energía es una práctica espiritual. Los taoístas consideran que Jing, Qi y Shen son las raíces de nuestra vida, y por tanto, los aspectos más importantes del ser humano. Nuestras raíces requieren fortalecimiento y protección si deseamos tener una salud vibrante y alcanzar la iluminación. Para comprender el aspecto espiritual del Qi Gong es necesaria una comprensión básica de los tres tesoros y de la relación existente entre ellos.

– *Jing (esencia): Jing es la esencia sustantiva o potencial genético del cuerpo físico.* El Jing congénito (a veces denominado original) es heredado de nuestros padres y determina nuestra fuerza básica. Es la esencia más importante porque se corresponde con la energía sexual, la raíz elemental de la vida. El Jing adquirido procede de los nutrientes y minerales que se hallan en los alimentos que tomamos y en el oxígeno presente en el aire que respiramos. Los practicantes serios de Qi Gong tienen cuidado con lo que comen y con cómo preparan la comida, porque los nutrientes que ingerimos afectan al Jing adquirido. Asimismo, preservan el Jing congénito absteniéndose de comportamientos sexuales desviados y evitando un exceso de actividad sexual. La práctica del Qi Gong trata de conservar el Jing y de convertirlo en Qi.

– *Qi (energía): Qi es la fuerza vital que impregna la naturaleza y es la función movilizadora de toda vida.* Se considera que la vida es una unificación del Qi y la salud una manifestación del libre flujo del Qi a través de los canales energéticos corporales. La enfermedad es una manifestación de que el flujo del Qi se ha debilitado, bloqueado o de que está desequilibrado. La muerte es el resultado de la dispersión total del Qi corporal. Existen dos fuentes que abastecen al cuerpo de Qi: el Qi congénito (a veces llamado original) que heredamos de nuestros padres y está inscrito en nuestros cromosomas. Incluye tanto elementos fuertes como débiles y, por tanto, afecta a nuestra constitución. Ésta es la razón por la que la práctica del Qi Gong ayuda a fortalecer las debilidades congénitas, como el mal alineamiento postural o el asma.

El Qi adquirido, la segunda fuente de Qi corporal, procede del alimento que tomamos, del agua que bebemos y del aire que respiramos. Tomar alimentos nutritivos y respirar adecuadamente nos permite fortalecer nuestro Qi corporal creando una reserva de Qi adquirido. Como tenemos un control inmediato sobre nuestra forma de comer y respirar, y como además estas actividades tienen un efecto inmediato sobre nuestro cuerpo, lo más habitual es que el Qi adquirido sea el primero en beneficiarse de la práctica del Qi Gong. No podemos aumentar la cantidad de Jing que tenemos en el cuerpo (aunque podemos conservar el que ya tenemos), pero podemos aumentar la cantidad de Qi practicando diariamente el Qi Gong. Un buen abastecimiento de Qi nutre el cerebro y agudiza el intelecto, lo que permite que se convierta en Shen.

– *Shen* (espíritu): *Shen es el poder espiritual o la divinidad interna que nos guía.* Existe como un fenómeno energético y se dice que reside justo detrás de la frente en el lugar habitualmente conocido como tercer ojo. El Shen es la fuerza que hace vibrar nuestros campos energéticos y mantiene la operatividad de nuestras fuerzas vitales. El Shen congénito es activado por la unión de la esencia masculina y femenina cuando el esperma se encuentra con el óvulo: un don de nuestros padres. El Shen adquirido se genera después del nacimiento, cuando interactuamos con el entorno y puede equipararse a la actividad mental. Como nuestras mentes no están entrenadas, siempre estamos sujetos a actividades mentales no deseadas que nos alteran y que pueden producirse consciente o inconscientemente en forma de pensamientos, recuerdos, deseos, planes, expectativas, decepciones, juicios, resentimientos y lamentos. Podemos aprender a usar sabiamente el Shen adquirido acallando la mente y aprendiendo a desapegarnos. Desapego significa experimentar mis pensamientos y emociones sin identificarme con ellos: soy esencia, energía y espíritu. Aumentando el Shen aprendemos a dirigir e invertir nuestra energía con amor, para mantener la salud y favorecer la longevidad.

Jing, Qi y Shen coexisten en nuestro ser. Donde hay esencia, debe haber también energía y espíritu; donde hay energía, debe haber esencia y espíritu; donde hay espíritu, debe haber esencia y energía. Según la filosofía taoísta, estos tres tesoros de la vida son las raíces de nuestras vidas y los cimientos que hacen del Qi Gong un arte espiritual (además de físico). La práctica del Qi Gong es un modo de conservar nuestra esencia, de equilibrar nuestra energía y de elevar nuestro espíritu. Estos son al mismo tiempo los objetivos y los beneficios del Qi Gong, y la razón por la que el camino espiritual comienza con la práctica cotidiana. Los principiantes y practicantes intermedios de Qi Gong que lean este libro podrán obtener estos beneficios.

Los practicantes avanzados (los que hacen del Qi Gong una práctica de vida) siempre tienen en cuenta que han de trabajar y fortalecer sus raíces. A través de la práctica aprenden el arte de convertir el Jing (esencia) en Qi (energía) para nutrir el cerebro y elevar el Shen (espíritu). Este proceso de transformación a veces recibe el nombre de «unir las tres flores (tesoros) en lo alto de la cabeza». Cuando se produce esta unificación, el practicante puede alcanzar el objetivo último que es la iluminación. Los taoístas creen que todas las cosas vivas contienen los tres tesoros, pero sólo los seres humanos somos capaces de alcanzar la consciencia suprema del universo. Este proceso se conoce con el nombre de «hacerse uno con el Tao»: el estadio último en el que uno alcanza la armonía, el desapego, la iluminación y la alegría.

## resumen de la filosofía médica oriental

*La aparición de la enfermedad se debe a que el Qi no está suficientemente equilibrado.*
—Nei Ching

Resumiendo: el Qi es al mismo tiempo la energía de la naturaleza y la fuerza vital que fluye a través del cuerpo humano. Cuando las fuerzas opuestas pero complementarias del yin y el yang están en equilibrio, el Qi fluye libremente a través de las rutas energéticas corporales y disfrutamos de una salud óptima. La enfermedad se produce cuando el Qi se bloquea o se desequilibra, y la muerte se produce cuando el flujo de Qi se detiene totalmente. El Qi Gong es una práctica muy antigua. Significa «trabajo energético» o «ejercicio energético», y puede ser practicado de un modo más activo (más yang) o más pasivo (yin). La denominación Qi Gong activo abarca una serie de ejercicios en los que destaca el papel del movimiento, de la respiración y de la concentración. El Qi Gong pasivo no incluye movimientos y hace referencia a las numerosas prácticas meditativas que calman y vacían la mente. Como arte físico, el Qi Gong es el método de acumular y equilibrar la energía corporal para favorecer la salud y sanar la enfermedad. Como práctica espiritual, es una forma de desarrollar la propia esencia, energía y espíritu para vivir en armonía con nosotros mismos y con el mundo.

## capítulo 2

*Los antiguos maestros eran sutiles, misteriosos, profundos, dispuestos a responder.*
*La profundidad de su conocimiento es insondable.*
— LAO TSÉ.
*Tao Te Ching (15)*

# ¿Qué es el Pal Dan Gum?

El Pal Dan Gum, u ocho movimientos de seda, es una antigua forma de Qi Gong que consta de una secuencia de ocho ejercicios suaves. Es un método contrastado y eficaz de entrenar el cuerpo, la respiración, la mente y el Qi para mejorar la salud y la longevidad. Es fácil de aprender, divertido de practicar, y sólo requiere seis minutos de principio a fin. Una definición completa del Pal Dan Gum debe tener en cuenta lo siguiente:

1. *Es una forma activa de Qi Gong* ya que implica una secuencia de movimientos dinámicos que se realizan estando de pie.
2. *Es un conjunto de ejercicios «internos»* diseñados para mejorar la salud del cuerpo y de la mente. Aunque los movimientos parecen ejercicios ordinarios, no lo son, porque su intención es emplear el movimiento externo para energetizar el cuerpo y calmar la mente.

3. *Es un tipo de Qi Gong médico* que ajusta los puntos de acupuntura y los canales energéticos del cuerpo para acumular y equilibrar el Qi, favoreciendo así la salud y sanando la enfermedad.

4. *Se considera un sistema completo y holístico de formación en Qi Gong* porque activa los veinte canales energéticos para equilibrar completamente el flujo de Qi (otras formas de Qi Gong sólo activan canales específicos).

5. *Se originó en la escuela taoísta de Qi Gong* y se basa en los principios fundamentales del taoísmo, a saber: la idea de que el Qi es la fuerza de vida que conecta cuerpo, mente y espíritu como totalidad inseparable, la teoría yin/yang y una espiritualidad práctica, que pone de relieve la armonía con la naturaleza.

6. *El Pal Dan Gum es una meditación en movimiento* y, como tal, una disciplina espiritual que cultiva los tres tesoros (esencia, energía y espíritu) para hacer avanzar al practicante por el camino de la iluminación.

## los orígenes del pal dan gum

Como en la mayoría de las formas de Qi Gong, los orígenes exactos del Pal Dan Gum son desconocidos. Sin embargo, los ocho movimientos se derivan claramente de una serie de sesenta y cuatro movimientos llamados *Ba Gong Dao-In*, que quiere decir aproximadamente: «Ejercicios de conducción de la energía propuestos por la escuela inmortal». Según el maestro taoísta vivo Hua-Ching Ni, el Ba Gong Dao-In tiene al menos seis mil años. Sus sesenta y cuatro movimientos fueron estructurados según ciertos movimientos que ocurren espontáneamente en la naturaleza. De ahí que se les dieran nombres como: «El sauce llorón que tiembla con la brisa del amanecer». Esta emulación de los movimientos naturales refleja el objetivo taoísta de restaurar el estado básico de equilibrio y armonía en el cuerpo.

A un taoísta desconocido se atribuye el mérito de haber tomado los ocho movimientos esenciales y más benéficos de los sesenta y cuatro que forman el Ba Gong Dao-In creando así una versión abreviada. Esta serie recibió en nombre de *Ba Duan Jin*, que significa: «Brocado de las ocho formas de ejercicio en posición erguida», o también «las ocho piezas del brocado de seda». El brocado es un colorido tejido de seda de complejo diseño.

Este tipo de tejido siempre ha sido atesorado en Oriente, y en este caso su nombre se emplea como una metáfora de la salud óptima, también atesorada como componente esencial de la iluminación espiritual.

Según el folclore y la tradición chinos, Chong Li-quan, general del ejército chino durante la dinastía Han (206 a.C.-220 d.C.), fue uno de los primeros en aprender y dominar el Ba Duan Jin. La historia cuenta que Chong, que tenía la intención de expandir el territorio nacional de China, sufrió una humillante derrota a manos de sus rivales tibetanos. En lugar de regresar a Pekín para afrontar la ira del emperador, Chong se ocultó en las montañas del sur de China. Allí se hizo alumno de un taoísta iluminado que le enseñó los métodos de Qi Gong para cultivar los elixires de vida (las sustancias que otorgan la inmortalidad) residentes en el cuerpo. Uno de estos métodos era el Ba Duan Jin. Después de aprender a vivir en perfecta armonía con la naturaleza, Chong se convirtió en uno de los ocho inmortales (u ocho ancianos) de la mitología tradicional china. Antes de morir, dibujó un diagrama de la secuencia de ocho movimientos en las paredes de una cueva que fue descubierto siglos después por otro general chino, Lu Dong-bin. El general Lu dominó los ejercicios, convirtiéndose también en uno de los ocho inmortales y fue el primero en grabar en piedra los movimientos del Ba Duan Jin.

El primer texto escrito sobre el Ba Duan Jin apareció en un libro taoísta del siglo VIII, *Diez tratados para restaurar la vitalidad original*. También se explica en un antiguo texto chino llamado *Dao Shu*, compilado durante la dinastía sureña Song (1127-1279 d.C.). Esta versión procede de otro héroe militar chino, Yeuh Fei (1103-1142 d.C.). Este autor registró cada uno de los movimientos en forma de un poema que explicaba su ejecución y su propósito, y los enseñó a sus soldados para mejorar su salud, su vigor y sus aptitudes marciales. Yeuh Fei y su ejército se hicieron famosos por expulsar a los bárbaros del norte (la raza Gin) que había logrado invadir China. Yeuh Fei y sus hombres nunca fueron derrotados en el campo de batalla, hecho atribuido a su genio militar y al riguroso entrenamiento Qi Gong que esperaba de sus hombres. Trágicamente, la recompensa que obtuvo por servir tan bien a su país fue la de ser asesinado por el primer ministro de la corrupta corte del emperador.

El Pal Dan Gum, o los ocho movimientos de seda, son la versión coreana de Ba Duan Jin. Como en la mayoría de las formas de Qi Gong, el Pal Dan Gum ha sufrido numerosas modificaciones y perfeccionamientos a medida que el «original» pasó de la piedra al papel, de maestro a estudiante, de padre a hijo y de generación en generación. A lo largo de los siglos, el Pal Dan Gum ha evolucionado convirtiéndose en una forma exclusivamente coreana de Qi Gong que difiere de la forma china, Ba Duan Jin, en distintos aspectos. Las diferencias clave residen en que los movimientos de Pal Dan Gum se realizan con menos repeticiones, con un número dado de éstas, siguiendo una secuencia diferente y de manera más dinámica, con más fuerza y vigor. Actualmente el Pal Dan Gum y el Ba Duan Jin parecer ser distintas versiones del mismo conjunto de movimientos. Este hecho apenas tiene consecuencias para el practicante, porque los principios fundamentales y los beneficios son muy parecidos.

Se desconoce cuándo y por qué el Pal Dan Gum se convirtió en una forma de Qi Gong, aunque la geografía y la historia coreana pueden darnos una pista. Corea es una península que se extiende desde la China continental entre el Mar Amarillo y el Mar del Japón. Este país está a tan sólo 700 kilómetros de Pekín, la antigua capital de la China. La península coreana actual fue el emplazamiento de una antigua civilización (conocida como el reino de los heremitas) que se remonta al siglo XII a.C. Su proximidad a Pekín es significativa porque Corea era parte del imperio chino hasta que se unificó como reino separado en el siglo VII d.C. Como Pekín era un centro comercial y cultural, y como lo que actualmente es Corea estaba relativamente cerca de Pekín, los antiguos habitantes de Corea debieron estar familiarizados con las artes sanadoras taoístas y con la filosofía en la que éstas se basaban. Así, es casi seguro que los practicantes coreanos de Qi Gong conocieran tanto el popular Ba Gong Dao-In como el Ba Duan Jin. Con el tiempo, irían modificando y perfeccionando los ocho movimientos hasta crear un estilo propio plasmado en el Pal Dan Gum.

## comparación con el tai chi chuan

El Pal Dan Gum es la forma de Qi Gong más popular en Corea, mientras que el Tai Chi Chuan (T'ai Chi) es la más popular en China. El T'ai Chi son los antiguos ejercicios energéticos chinos que requieren movimientos lentos, deliberados y continuos, como los de boxeo con la propia sombra, y tiene el aspecto de unos gráciles movimientos de danza. Originalmente, el T'ai Chi era una forma del arte marcial Qi Gong, pero, tal como se practica ahora, dedica muy poca atención al aspecto lucha. Más bien favorece la salud y la vitalidad desarrollando la quietud interna. Esto ha acercado la práctica del T'ai Chi al Pal Dan Gum, y puede pensarse en ellos como ramas distintas de un mismo árbol, o primos hermanos a través del Qi Gong. Ambos son formas de ejercicio suaves y de bajo impacto que se realizan de pie (muchas formas de Qi Gong se realizan en posición sentada). Ambos requieren del practicante la realización de una serie de movimientos deliberados a cámara lenta. Ambos son formas de meditación en movimiento, enraizadas y en conexión con la tierra, que enseñan a afrontar la vida en equilibrio y con armonía. Ambos resaltan la importancia de prestar atención a la respiración, de centrarse en el presente y de concentrarse en un solo punto. Ambos se basan en el principio fundamental taoísta de que el Qi fluye libremente cuando las fuerzas opuestas y complementarias de yin y yang están en equilibrio. Ambos enseñan que acumulando y equilibrando el Qi en todo el cuerpo se puede alcanzar y mantener una salud óptima.

A pesar de las similitudes entre el Pal Dan Gum y el T'ai Chi, también hay diferencias significativas. Evidentemente los movimientos concretos son diferentes, pero la diferencia más importante es que el Pal Dan Gum es una secuencia de ocho movimientos corporales independientes. Es como sacar la seda de un capullo: uno tira y se para, vuelve a tirar y se vuelve a parar. En cambio, el T'ai Chi no puede separarse en movimientos individuales porque es una serie de ejercicios conectados de principio a fin. Así, el T'ai Chi es como el flujo de agua, moviéndose suavemente en continuidad. Otra diferencia es que el T'ai Chi requiere una lentitud tranquila, con movimientos gráciles y fluidos. Los movimientos del Pal Dan Gum también fluyen suavemente de una postura a la siguiente, pero entre ellos se da importancia a mantener los estiramientos para aumentar la flexibilidad, la fuerza y el poder. Esto hace que el Pal Dan Gum se parezca más a una tabla de ejercicios o a una forma de calistenia; requiere más esfuerzo y es, por tanto, un entrenamiento más dinámico y exigente. La cuestión no reside en si uno es mejor que el otro, sino en que a pesar de sus similitudes, el Pal Dan Gum y el T'ai Chi son escuelas o ramas diferentes del Qi Gong.

## capítulo 3

*Porque la respiración es la vida, y si respiras bien,*
*vivirás largo tiempo sobre la tierra.*
—Proverbio sánscrito

# Entrenamiento de la respiración

La respiración no sólo es fundamental para la vida o una expresión de la vida, la respiración es la vida misma. Por esta razón al Qi a veces se le denomina «aliento vital». Los componentes de la respiración —inhalación y exhalación, expansión y contracción, yin y yang— sustentan la pulsación natural que nos mantiene vivos. Nuestra manera de inspirar y de espirar y el grado de eficacia con que usemos el aire que circula por nuestros pulmones tienen una función esencial en todas nuestras actividades físicas y, por supuesto, también en nuestra manera de pensar, sentir y relacionarnos con los demás. Este hecho se refleja claramente en nuestro lenguaje cotidiano que expresa que ciertas formas de respirar afectan a nuestros cuerpos y mentes: «Respirar tranquilo» o «dar un suspiro de alivio» indican la relajación que sigue a un periodo de tensión. Decimos que nos hemos quedado «sin respiración» o «que necesitamos tomar un respiro» para comunicar que respiramos con dificultad después de haber practicado ejercicio. Si digo que mi jefe «resopla» o que «puedo notar su aliento en mi cuello» todo el mundo entiende a qué me refiero. Estas expresiones parecen implicar que reconocemos la importancia de la respiración, aunque nuestro ritmo respiratorio suele ser totalmente involuntario e inconsciente.

Una experiencia vivida en 1982 me hizo tomar consciencia de mi descuidada e inconsciente actitud hacia la respiración. Mi querida gata tonquinesa parió a cuatro preciosos gatitos. Instintivamente, desgarró los sacos de líquido y lamió a cada uno de los gatitos hasta que empezaron a retorcerse y a respirar. Todos eran fuertes y sanos excepto uno, que parecía haber nacido muerto. Pero un examen más detallado me reveló que respiraba levemente. Asumiendo el papel de comadrona, acuné al gatito en la palma de la mano y lo columpié varias veces en todas las direcciones para despejar sus canales respiratorios; a continuación, comencé a apretarlo levemente para estimular sus reflejos respiratorios. Seguidamente y durante cierto tiempo, mi esposa y mi madre tomaron el relevo, cogiéndolo y frotándolo vigorosamente con una toalla áspera hasta que empezó a respirar con más fuerza. En una hora ya respiraba autónomamente y algunos días después no podíamos distinguirlo de sus compañeros. Si hubiéramos permitido que la naturaleza siguiera su curso, el gatito habría muerto. Nuestros esfuerzos por estimular su respiración dieron nueva chispa a su frágil vida y su voluntad de vivir asumió el mando a partir de allí. Nunca he sido más consciente de que la respiración es la vida y desde entonces he tratado de ser más consciente de mis ritmos respiratorios.

En estado de vigilia, nuestra respiración alterna entre el control voluntario e involuntario, pero apenas le prestamos atención a menos que sintamos alguna dificultad. Una historia zen cuenta que un estudiante se quejaba ante su maestro de que prestar atención a la respiración era muy aburrido. El maestro zen hundió la cabeza del estudiante en el agua y la mantuvo hundida mientras el estudiante luchaba por respirar. Después de tenerlo así durante un rato, dejó que el balbuceante estudiante se incorporara y le preguntó si cuando estaba debajo del agua seguía pensando que la respiración era aburrida o si la consideraba más interesante. El estudiante entendió la lección y la respiración se convirtió desde entonces en su gran maestra.

Prestar atención a la respiración es útil e interesante. Nos recuerda que estamos aquí y ahora, y que podemos ser más consciente de lo que ocurre en el momento presente. Cuando somos más conscientes de la respiración, prestamos más atención a nuestro cuerpo y nos sentimos más a gusto en él. Esto hace más probable que respiremos adecuadamente y favorece los procesos fisiológicos básicos de nuestro cuerpo y nuestra mente. Además de regular el ritmo cardiaco, la respiración adecuada mejorará la circulación sanguínea que permite abastecer a nuestras células, tejidos y órganos de todo el oxígeno que necesitan. Desgraciadamente, la mayoría de la gente mantiene una pauta respiratoria inadecuada, caracterizada por inspirar hacia la parte alta del pecho en lugar de hacerlo hacia el abdomen. Dado que inspiramos y espiramos más de 1.000 veces por hora y realizamos más de 25.000 respiraciones diarias, respirar adecuadamente y regular nuestra pauta respiratoria puede ser el acto aislado más importante que podemos hacer para mejorar nuestra salud.

## regular la respiración

*El control de la respiración da al hombre fuerza,*
*vitalidad, inspiración y poderes mágicos.*
—CHUANG TZU

La idea de regular la respiración es central en todas las prácticas de Qi Gong, incluyendo al Pal Dan Gum. Regular significa dirigir de acuerdo a cierto principio, de modo que se produzca el funcionamiento adecuado. Y regular la respiración significa cambiar nuestra pauta respiratoria hasta que sea la adecuada. La pauta respiratoria describe el ritmo, más lento o más rápido, y si respiramos hacia el pecho o hacia el abdomen. También hace referencia a la sensación subjetiva que la respiración causa en la persona: superficial o profunda, completa o incompleta, ruidosa o tranquila, trabajosa o fácil. Los antiguos maestros resumieron las claves para regular la respiración en tres palabras, que son:

1. *Ligera: cuando sea posible, inspira y espira por la nariz, para que la respiración sea una corriente ligera como un hilo.* Debes mantener la boca cerrada, sin apretar la mandíbula y con la lengua tocando el paladar. Esto hace que la respiración sea más uniforme. Además filtra el aire, regula su temperatura y relaja el cuerpo y la mente. Si necesitas respirar por la boca, evita tragar el aire frunciendo ligeramente los labios para que el flujo de aire entrante sea una leve corriente.

2. *Silenciosa: tu respiración debe ser silenciosa, suave y fácil.* Esto ralentizará automáticamente tu ritmo respiratorio, cultivando un estado meditativo de quietud y tranquilidad.

3. *Profunda: realiza respiraciones largas, lentas y profundas hasta el fondo del abdomen.* Esto no significa que tengamos que inspirar hasta estar a punto de estallar ni que debamos contener el aire en los pulmones. Significa concentrarse en ralentizar y profundizar la inspiración, respirando por el abdomen.

Una vez que hayas entendido estas claves y que hayas aprendido a realizar una respiración ligera, silenciosa y profunda, estarás empleando la pauta respiratoria adecuada. La regulación de la respiración te permitirá absorber más eficazmente el oxígeno y el Qi del aire para mejorar tu salud y tu vitalidad.

Por desgracia, en nuestros días, la mayoría de nosotros solemos estar estresados y alterados, y nuestra forma de respirar suele violar los tres principios reguladores. Lo más habitual es respirar rápidamente y de manera superficial en la parte alta del pecho. Esto hace que esa parte del pecho se expanda con la inspiración, pero no así el abdomen, por lo que sólo llenamos la parte superior de los pulmones. De este modo dejamos entrar e intercambiamos un volumen menor de aire, y tenemos menos oxígeno disponible para producir energía. El oxígeno alimenta el proceso de producción de energía en los billones de células que forman nuestro cuerpo. Así como una vela se quema con más brillo en una habitación llena de oxígeno, el cuerpo humano necesita un buen abastecimiento del mismo para mantener en marcha sus fuegos metabólicos. Esta necesidad queda demostrada por el hecho de que podemos sobrevivir durante días sin alimento ni agua, pero las células cerebrales no pueden sobrevivir más de unos minutos sin oxígeno. Por tanto, respirar adecuadamente no sólo es crucial para la buena salud, sino también para la vida misma.

Como nuestros pulmones procesan más de 40.000 litros de aire cada día de nuestras vidas, respirar eficazmente es un factor importante que debemos considerar cuando hablamos de salud. Si respiramos inadecuadamente, y la mayoría de nosotros lo hacemos, experimentaremos una privación de oxígeno considerable y consecuentemente nuestros procesos fisiológicos básicos carecerán del sustento necesario. Por ejemplo, existen billones de puntos de conexión entre las células nerviosas del cerebro. En cada uno de esos puntos de conexión se produce una reacción parecida a un chispazo y son esas conexiones las que nos permiten pensar, sentir, actuar y funcionar. Por tanto, cualquier reducción en la cantidad de oxígeno disponible en el cerebro puede producir fatiga física y mental crónica, ansiedad y tensión muscular, alteraciones del sistema inmunológico y vulnerabilidad ante todo tipo de enfermedades. Además, respirar con la parte alta del pecho envía automáticamente señales de tensión al cerebro, lo que activa la producción de las hormonas que provocan la reacción de «lucha o huida», produciendo cambios insalubres y no deseados. Algunos de estos cambios son: aumento del pulso cardiaco, elevación de la presión sanguínea, difusión de la actividad fisiológica, reducción de la producción celular y disminución de los procesos sexuales. Por el contrario, cuando respiramos con más lentitud y hacia el fondo del abdomen, nuestro cerebro y sistema nervioso reciben indicaciones de que podemos relajarnos.

## respiración abdominal (dan tien)

*En tiempos antiguos, los hombres llevaban la respiración hasta los talones.*
—Chuang Tzu

Si la pauta respiratoria más habitual es la de respirar de manera rápida y superficial desde la parte alta del pecho, ¿cuál sería la respiración adecuada? *La respiración adecuada es la que nos permite tomar e intercambiar el máximo volumen de aire con el mínimo esfuerzo.* Para conseguirlo debemos comprender la ciencia y el arte del control respiratorio; esto significa reformular y regular nuestra pauta respiratoria, realizando respiraciones ligeras, silenciosas y profundas. Resulta más fácil realizar este cambio cuando entendemos algo de la anatomía y de la fisiología del proceso respiratorio. El pecho y el abdomen están separados por una partición muscular con forma de cúpula llamada diafragma. En la respiración abdominal, el abdomen se expande hacia fuera y el diafragma desciende con la inspiración. Seguidamente, en la espiración, el movimiento se invierte: el abdomen se contrae y el diafragma asciende (véanse fotografías de la página 45). Dichas acciones permiten que los pulmones, con su forma de sacos, funcionen como fuelles, absorbiendo aire fresco y oxígeno y expulsando aire usado y dióxido de carbono. Respirar conscientemente hacia el abdomen mejora la eficiencia respiratoria y permite el máximo intercambio de aire.

Desde el punto de vista físico, la respiración abdominal resulta fácil porque en realidad consiste en reaprender una pauta instintiva y natural que está profundamente arraigada en el organismo humano (observa la respiración abdominal de los bebés). Pero a mucha gente le resulta difícil dejar de lado la idea de que respirar abdominalmente no resulta atractivo. El modelo cultural que nos lleva a querer tener un estómago plano hace que dediquemos mucho esfuerzo y energía a oponernos a nuestra tendencia natural, que es relajar el abdomen mientras respiramos. Las presiones culturales para conseguir la imagen corporal ideal y parecer delgados hace que tanto hombres como mujeres sean remisos a dejar que sus vientres se expandan con la inspiración, es especial si ya tienen un exceso de peso. Esta actitud debe cambiar si hemos de respirar siguiendo la intención natural y disfrutar de los numerosos beneficios de la respiración adecuada. Suelo comentar a mis estudiantes de Qi Gong que no pueden concentrarse en realizar respiraciones ligeras, silenciosas y profundas y simultáneamente preocuparse por su aspecto.

La respiración abdominal es la más adecuada, y es esencial para lograr una salud óptima. Debe realizarse con lentitud, dirigiendo el aire a lo profundo del abdomen y realizando una espiración completa antes de iniciar la siguiente inspiración. Se trata de respirar lentamente, «ralentizando el tiempo» y realizando ocho respiraciones por minuto o menos (la mitad de las habituales). Con un poco de práctica, la mayoría de las personas son capaces de respirar sólo tres o cuatro veces por minuto sin ninguna sensación de incomodidad o de falta de aire. Cuando tomamos una inspiración profunda, nuestro diafragma desciende, de modo que el aire inspirado llena los pulmones tanto en la parte superior como en la inferior. La espiración se convierte meramente en un proceso pasivo y sin esfuerzo, de dejar salir el aire usado. Una inspiración lenta y profunda junto a una espiración lenta y completa producen la máxima eficacia en el intercambio de aire, favoreciendo así los procesos fisiológicos básicos que optimizan el ritmo cardiaco y la circulación de la sangre. Esta pauta respiratoria produce beneficios físicos y psicológicos predecibles, y ha sido empleada con éxito en el tratamiento de desórdenes muy variados, desde enfermedades coronarias hasta ataques de pánico.

La respiración abdominal es sólo una de las muchas técnicas desarrolladas por los maestros de Qi Gong para regular el ciclo respiratorio. Permite dirigir lentamente el aire hacia la zona que queda justo debajo del ombligo, que recibe el nombre de «Dan Tien» en chino («Dan Jun» en coreano, «hara» en japonés). «Dan Tien» significa «campo de elixir» y hace referencia a la región que según creían los alquimistas taoístas contiene sustancias que otorgan la inmortalidad. Esta región queda unos cinco centímetros por debajo del ombligo y entre cinco y diez centímetros hacia dentro, dependiendo del tipo de cuerpo. El Dan Tien es el lugar de nuestro cuerpo en el que la fuerza pasiva del yin y la fuerza activa del yang se equilibran perfectamente. Esto hace que sea el centro energético más importante del cuerpo humano. También recibe los nombres de «océano de Qi», «centro de energía vital», y «estufa dorada que quema la enfermedad», descripciones que transmiten el pensamiento yin/yang y la importancia de este centro en el mantenimiento de la salud y en la curación de la enfermedad.

## respiración abdominal

Para poder sentir la respiración abdominal, túmbate de espaldas con las rodillas dobladas y los pies planos sobre el suelo. Ponte un libro sobre el abdomen, directamente encima del ombligo y lo suficientemente bajo para no descansar sobre la caja torácica. Realiza una inspiración lenta y profunda y percibe cómo se eleva el libro mientras tu abdomen se expande (véanse las fotografías en la página 45).

Ahora espira lenta y completamente, notando cómo el libro se desplaza hacia abajo al tiempo que contraes el abdomen.

El pecho apenas debe moverse durante la inspiración y la espiración. Percibe las sensaciones internas en tu diafragma, que desciende durante la inspiración y asciende con la espiración. Este ejercicio tan simple te permite acostumbrarte a respirar con el abdomen.

*Atención*: durante el aprendizaje de la respiración abdominal algunas personas sienten dolores de cabeza, leves mareos o incluso emociones intensas. Si experimentas alguno de estos síntomas u otros similares, o si tienes un historial de dificultades respiratorias, consulta con un profesional de la salud antes de continuar.

# respiración abdominal con pausa

*Espira lo viejo e inspira lo nuevo.*
—Práctica taoísta de *Tu Na*

Al practicar el Pal Dan Gum se nos anima a respirar hacia el Dan Tien, deteniéndonos brevemente entre la inspiración y la espiración; a este método se le denomina respiración abdominal con pausa. La respiración abdominal con pausa es un modo de respirar lento, profundo y abdominal, que incorpora una ligera pausa entre cada inspiración y espiración, y también entre cada espiración e inspiración. La pausa asegura que nuestra respiración discurra suave y continuamente, favoreciendo la relajación y el control emocional. Por tanto, la respiración abdominal con pausa es:

Inspiración... Pausa... Espiración... Pausa...
Inspiración... Pausa... Espiración...
y así sucesivamente, con una pequeña pausa
al final de cada inspiración y espiración.

Esta pauta respiratoria difiere ligeramente de la respiración abdominal normal, ya que requiere un poco de concentración para ralentizar y profundizar la respiración; además, se ha de realizar una pausa al final de la inspiración, justo antes de espirar. Estas pausas se producen de manera natural y espontánea cuando nos concentramos en inspirar lenta y profundamente hacia el Dan Tien, haciendo a continuación una espiración lenta y prolongada. Hacer una breve pausa no es lo mismo que contener la respiración (cosa que el Qi Gong no aconseja); se trata más bien de una discontinuidad o momento de descanso en la pauta respiratoria. Me viene a la mente la imagen de un péndulo. Mientras se balancea libremente en ambos sentidos impulsado por la fuerza de la gravedad, el péndulo realiza una pausa momentánea cada vez que cambia de dirección. Esta misma imagen es aplicable a la respiración abdominal con pausa. El aire se mueve libremente entrando y saliendo de nuestros pulmones bajo el impulso respiratorio, y hacemos una breve pausa en el cambio de la inspiración a la espiración y de la espiración a la inspiración. Se considera que ésta es una pauta respiratoria adecuada porque cumple el requisito de introducir la máxima cantidad de oxígeno en los pulmones con el mínimo esfuerzo.

Inspiración

Espiración

Se dice que la respiración abdominal con pausa masajea los órganos internos, incrementando el Qi positivo del cuerpo y liberando el Qi negativo. Una de las razones por las que debemos mantener la boca cerrada mientras respiramos es que ello permite que el Qi positivo fluya hacia el Dan Tien para ser almacenado y que el Qi negativo se descargue hacia la tierra a través de las piernas y los pies. Recuerda que nuestro cuerpo debe inspirar oxígeno y espirar dióxido de carbono continuamente para acumular y almacenar el Qi que sustenta la vida. Cuando inspiramos realizando todo el recorrido hasta el Dan Tien, el abdomen se expande hacia fuera, haciendo que el aire fresco (oxígeno) llene ambas porciones de los pulmones, la superior y la inferior. Cuando espiramos, el abdomen se contrae y esto fuerza al aire usado (mezclado con dióxido de carbono) a salir de los pulmones. Los movimientos repetitivos de expansión y contracción estimulan el Dan Tien y favorecen el funcionamiento de nuestros órganos internos, y éste es uno de los principales beneficios de la respiración abdominal con pausa.

Para sentir los movimientos internos y las sensaciones producidas por la respiración abdominal con pausa, tomaremos prestado un ejercicio de imaginación empleado por los cantantes profesionales que entrenan su voz para transformar la respiración en energía. Comienza por imaginar que la parte inferior de tu cavidad abdominal (el Dan Tien) está ocupada por un globo. Inspirando lenta y suavemente, siente que el globo se hincha y se expande en lo profundo de tu vientre (la parte baja de la espalda también se expandirá con cada inspiración). Siente que tu pecho se hincha ligeramente mientras hinchas el globo. Si tratas de respirar únicamente con el abdomen y mantienes el pecho rígido, intercambiarás menos aire y enviarás una señal de tensión al cerebro. Después de inspirar, deténte un momento cuando sientas que has llenado el globo hasta el nivel que te resulta cómodo; a continuación espira lentamente imaginando que el globo se deshincha hasta quedarse vacío. Nota cómo tanto tu abdomen como la parte inferior de la espalda se contraen con la espiración. Asegúrate de realizar una espiración completa (sin forzar), y después realiza una pausa momentánea antes de volver a inflar lentamente el globo. Repite varias veces este ejercicio que debes practicar de manera relajada, usando las tres claves reguladoras de la respiración. Percibe que cuando tomas respiraciones ligeras, silenciosas y profundas estás creando una pauta respiratoria distinta de la habitual. ¡Toma consciencia de la agradable sensación que te produce la respiración!

Desde el principio mismo de la práctica, el Pal Dan Gum te enseña a respirar de un modo que favorece la salud óptima. Realizamos una respiración por movimiento: una inspiración lenta y profunda al comenzar a movernos, un momento de pausa mientras mantenemos el estiramiento y a continuación una espiración lenta y completa mientras regresamos a la posición inicial de ese movimiento. Respirar lenta y profundamente hacia el abdomen y hacer pausas entre la inspiración y la espiración (y viceversa) requiere cierta concentración. Después de algún tiempo, descubrirás que sólo prestas una atención pasiva a tu pauta respiratoria; es decir, apenas necesitarás un esfuerzo consciente para respirar lenta y profundamente.

La respiración abdominal con pausa llega a hacerse de manera automática y habitual: el aprendizaje se produce a medida que practicamos la secuencia de movimientos. Inspiramos lentamente y llenamos el globo imaginario en lo profundo del abdomen, hacemos una pausa momentánea mientras mantenemos el estiramiento y espiramos lentamente vaciando el globo; hacemos otra breve pausa y volvemos a empezar. Hacer hincapié en mantener un ritmo respiratorio lento nos permite acompasar ejercicio y respiración mientras realizamos los ocho movimientos de seda. En el Qi Gong no hay necesidad de «empujar el río» porque fluye solo.

# beneficios de la respiración

# abdominal con pausa

*Sólo los que sepan respirar sobrevivirán.*
—Pundit Acharya

Al practicar la respiración abdominal con pausa mientras realizamos los ocho movimientos de seda, recuperamos la forma de respirar que nos es natural (Dan Tien) desde el momento del nacimiento. Así, nos beneficiamos de una inspiración más profunda, de un ritmo respiratorio más lento y de intercambiar un mayor volumen de aire en nuestros pulmones. Con la práctica, esta pauta respiratoria, que es la más adecuada, se hará habitual y podemos esperar los siguientes beneficios para nuestra salud:

- Aumentamos nuestro nivel de energía, el nivel de energía almacenada, y tenemos más capacidad de emplear el oxígeno corporal para mejorar nuestro vigor y rendimiento en todo tipo de actividades, incluyendo las laborales y deportivas.
- Ralentizamos el ritmo cardiaco y la presión sanguínea al tiempo que aumentamos el flujo de sangre y oxígeno en el corazón, cerebro y otros órganos.
- Mejoramos la regeneración celular, un hecho de enorme importancia si tenemos en cuenta que nuestros cuerpos tienen que reemplazar diariamente una cantidad aproximada de 140.000 millones de células.
- Activamos la respuesta de relajación que nos permite liberar tensiones musculares y alcanzar la paz mental. De este modo inhibimos el flujo hormonal relacionado con la respuesta de «lucha o huida» que activa ciertos síntomas asociados con el estrés, como ansiedad, dolores de cabeza e hipertensión.
- Activamos la producción de diversas sustancias neuroquímicas cerebrales que producen placer, lo que nos permite elevar nuestro estado de ánimo y combatir el dolor físico.

- Ponemos en armonía cuerpo y mente para favorecer el crecimiento espiritual: un beneficio conocido y enseñado por yoguis, monjes y maestros de meditación durante siglos.
- Finalmente, y tal vez sea el aspecto más importante, una pauta respiratoria adecuada hace que el sistema inmunológico incremente la producción de diversas células que favorecen la sanación y fortalecen nuestra resistencia a la enfermedad.

Estos beneficios se basan en modernas investigaciones científicas repetidas en innumerables ocasiones que confirman lo que los antiguos maestros han sabido respecto a la respiración durante miles de años. Estos son los beneficios de aprender a respirar adecuadamente (aún nos queda por comentar extensamente los beneficios de realizar los movimientos de Qi Gong que acumulan y equilibran el Qi en nuestro cuerpo). Para aumentar al máximo dichos beneficios, ten presentes los siguientes principios reguladores de la respiración mientras practicas el Pal Dan Gum:

1. *Ligera*: siempre que puedas, respira por la nariz.
2. *Silenciosa*: respira lenta y silenciosamente, de manera relajada.
3. *Profunda*: respira profundamente dejando que cada respiración se hunda en el abdomen.
4. *Vacía*: vacía los pulmones realizando una espiración completa.
5. *Pausa*: realiza una pausa momentánea entre cada inspiración y espiración, y viceversa.

## capítulo 4

*La decrepitud corporal que da origen al mito del envejecimiento no es inevitable. Es, en gran medida, evitable y reversible.*
—THOMAS HANNA

# Entrenamiento corporal

En la mitología griega hay un monstruo alado llamado esfinge que tiene cuerpo de león y cabeza y pecho de mujer. La esfinge era conocida por guardar las puertas de Tebas y por matar por estrangulamiento a cualquier viajero que no pudiera contestar al acertijo siguiente: «¿Qué es aquello que tiene una sola voz y sin embargo anda a cuatro pies, a dos pies y a tres pies?» Edipo, el hijo del rey y de la reina de Tebas, resolvió la adivinanza respondiendo: «El ser humano gatea a cuatro patas cuando es un niño, de adulto camina sobre dos piernas y cuando se hace anciano se apoya en un bastón».

Estas consideraciones pesimistas respecto al proceso de envejecimiento nos llevan a plantearnos otra cuestión más pertinente si cabe: ¿por qué se deteriora tanto el organismo humano con los años? Según los médicos y sanadores taoístas, el cuerpo no tiene por qué deteriorarse con la edad y no debería hacerlo. Un conocido proverbio del Qi Gong nos dice que nuestro cuerpo debería ser «elástico como el de un niño» y «flexible como el de una serpiente». La clave para alcanzar estos elevados objetivos y prevenir los deterioros del envejecimiento es entrenar el cuerpo empleando la teoría y las técnicas del Qi Gong.

## regular el cuerpo

*La verdadera regulación sólo se produce cuando no es necesario*
*regular conscientemente.*
—Doctor Yang Jwing-Ming

La teoría del entrenamiento de Qi Gong se basa en el concepto de regulación, que, como hemos comentado previamente, significa controlar o ajustar según un principio que asegure el funcionamiento adecuado. Así como existen tres claves de la respiración correcta (hacerla ligera, silenciosa y profunda), también hay tres principios que el estudiante de Qi Gong debe aprender para regular el cuerpo. Son el alineamiento postural, la relajación de todo el cuerpo y el desarrollo de unas raíces robustas (véase la fotografía «Erguido como un árbol»). Estos tres principios están interrelacionados: la correcta postura favorece la relajación, la relajación profunda favorece una sensación de enraizamiento, y el desarrollo de raíces sólidas favorece el equilibrio y la postura. Los tres conjuntamente permiten que el Qi fluya libre y de manera sana. Examinemos cada principio por separado.

### Postura

En los diversos tipos de Qi Gong y entre los miles de ejercicios distintos, sólo se emplean cuatro posturas básicas para regular el cuerpo. Siguiendo el orden más empleado habitualmente, éstas posturas son: erguida, sentada, tumbada y caminando. Ya hemos aprendido que el Pal Dan Gum es una forma de Qi Gong activo (en movimiento) que se practica de pie, por lo que en este capítulo sólo veremos la primera de las cuatro posturas (en el capítulo 9 se comenta la postura sentada para la práctica del Qi Gong pasivo o meditación).

Mientras se practican los ocho movimientos de seda no es necesario ni deseable forzar el cuerpo o hacer que adopte posturas incómodas. Si descubres que una posición te resulta difícil de alcanzar o mantener, hazla hasta donde llegues y continúa practicando para ir perfeccionándola paulatinamente. El Qi Gong no te pide que enrosques tu cuerpo como lo hacen algunos

# Erguido como un árbol

La «postura de poder» de la disciplina Qi Gong hace hincapié en el alineamiento postural correcto, en la relajación de todo el cuerpo y en echar raíces firmes.

Imagina que eres un muñeco que cuelga de un hilo sujeto a la parte superior de su cabeza. Permanece en posición erguida de modo que tu cabeza, cuello, tórax, abdomen, pelvis y piernas estén alineadas verticalmente.

Mantén los hombros bajos y los brazos y los dedos relajados. Realiza los reajustes necesarios para relajar las tensiones corporales.

Mantén los ojos abiertos y suavemente enfocados, orientando la mirada hacia el suelo.

Mantén las caderas y las nalgas relajadas.

Relaja el abdomen y respira hacia el Dan Tien (centro de energía que está entre tres y cinco centímetros debajo del ombligo y entre cinco y diez centímetros hacia el interior del cuerpo), realizando respiraciones ligeras, silenciosas y profundas.

Las rodillas permanecen ligeramente flexionadas y sin tensión.

Por encima de las rodillas, te elevas como un árbol que extrajera el Qi del cielo. Por debajo de las rodillas, tu sistema de enraizamiento se extiende hacia abajo, extrayendo del suelo el Qi terrenal.

Mantén los pies aproximadamente a la distancia que separa los hombros, paralelos y con el peso igualmente distribuido entre ambos.

Siente que tus raíces invisibles se hunden profundamente en la tierra, proporcionándote un contacto seguro con el suelo y una base sobre la que apoyar todo tu cuerpo.

tipos de yoga y tampoco exige movimientos físicos intensos como otras clases de actividad física. Como afirma el proverbio, la ejecución de cada movimiento debe producir una sensación «suave como el agua» y la realización de la secuencia completa de movimientos debe producir una sensación parecida a «extraer la seda del capullo».

El primer principio para regular el cuerpo es mantenerlo en la postura correcta mientras realizamos los ejercicios de Qi Gong. Una postura incorrecta crea tensiones corporales, por lo que el flujo de Qi queda desequilibrado u obstruido. *Para mantener la postura correcta mientras se está de pie, los principales segmentos corporales: cabeza, cuello, tórax, abdomen, pelvis y piernas, deben estar tan cerca de la línea vertical como sea posible.* Esta es la posición de partida del Pal Dan Gum: se trata de permanecer de pie, erguido y con la espalda recta, de modo que el punto de acupuntura *Pai-hui* (en la parte superior de la cabeza sobre una línea trazada de oreja a oreja) esté en línea vertical con el punto de acupuntura *Hui-yin* (entre el escroto y el ano en los hombres; entre la parte posterior de la vulva y el ano en las mujeres –el perineo). Este alineamiento resulta más fácil de realizar en la práctica de lo que ahora pudiera parecer. Para adquirir la postura correcta basta imaginar que eres un muñeco que cuelga de un hilo sujeto a la parte superior de tu cabeza. A continuación recuerda las seis claves posturales:

1. Manténte erguido, con la parte superior de la cabeza orientada hacia arriba y la barbilla ligeramente metida.
2. Mantén la cabeza recta, los ojos suavemente enfocados y la mirada levemente orientada hacia el suelo.
3. Baja los hombros y permite que los brazos cuelguen relajadamente a ambos lados del cuerpo, con los dedos suavemente extendidos.
4. Relaja el abdomen para poder realizar respiraciones ligeras, silenciosas y profundas, dirigidas al Dan Tien.
5. Relaja las caderas y las nalgas, manteniendo las rodillas flexionadas.
6. Mantén los pies separados, aproximadamente a la distancia entre los hombros y paralelos, con el peso distribuido igualmente entre ambos.

Según los taoístas, saber estar de pie en la postura correcta es imprescindible para la regulación corporal. Esta postura nos da un buen punto de partida para acumular y equilibrar el flujo natural de Qi que reside en nuestro interior. La correcta postura permite sintonizar uno de los dos principales

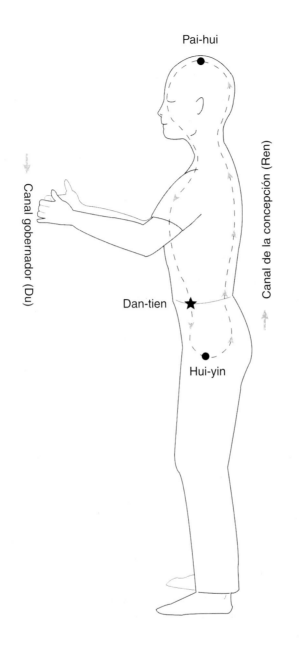

Pai-hui

Canal de la concepción (Ren)

Canal gobernador (Du)

Dan-tien

Hui-yin

## La órbita microcósmica

Observa la postura correcta, manteniendo el punto de acupuntura Pai-hui alineado verticalmente con el punto de acupuntura Hui-yin. Esto permite que el Qi acumulado en el Dan-Tien rebose y active un circuito de energía que desciende por el canal frontal y asciende por el canal de la espalda.

circuitos energéticos con el sistema circulatorio del Qi: la «órbita microcósmica». Cuando dicha órbita se sincroniza con el resto del sistema de circulación energética, el Qi fluye con fuerza y suavidad a lo largo de dos canales principales: el de la concepción (*Ren*) y el gobernador (*Du*). Si la órbita microcósmica no está sintonizada, el Qi o bien se «embalsa» en los canales o «gotea hasta perderse», especialmente en las articulaciones.

La explicación taoísta sobre cómo se activa la órbita microcósmica es tan fascinante como esotérica. Como principiante en el arte y práctica del Qi Gong, emplearás la respiración abdominal y la concentración para dirigir el Qi hacia el Dan Tien, el centro de la energía vital. Se dice que son necesarios ciento un días de práctica antes de que uno esté preparado para activar la órbita microcósmica. Llegado ese momento, hay tanto Qi almacenado en el Dan Tien que rebosa de esa región y se extiende por el canal frontal (*Ren*) hasta el Hui-yin, ascendiendo a continuación por el canal de la espalda (*Du*) hasta el Pai-hui (véase la ilustración de la órbita macrocósmica). Así, la órbita microcósmica es un circuito de energía que circula adecuadamente cuando se produce el alineamiento postural correcto. Una vez activada la órbita microcósmica, su función consiste en limpiar o abrir todos los demás canales energéticos corporales para asegurar la salud óptima.

## Relajación

La relajación es el principio más importante de la regulación corporal. Como forma de ejercicio interno, la relajación es el acto de relajar el cuerpo para alcanzar una sensación de bienestar físico y emocional. La relajación también es el estado de encontrarse relajado o sentir que se alivian las tensiones. Ya hemos hablado de la relajación en la postura como un aspecto de la regulación corporal; se consigue siguiendo las doce claves que se han dado para el alineamiento postural y evitando tensiones en la ejecución de los movimientos del Qi Gong. Respirar conscientemente hacia el abdomen y concentrarse en las sensaciones internas ayuda a mantenerse relajado. Relaja todo el cuerpo pero especialmente las articulaciones, que son las bisagras que unen los huesos permitiendo que nos movamos. Cuando tenemos las articulaciones relajadas, abiertas y desbloqueadas, el Qi puede fluir libremente, lo que nos permite movernos con gracia y equilibrio.

La relajación profunda afecta a la musculatura y a las fascias –el tejido conjuntivo que conecta nuestros músculos, órganos internos y otras estructuras blandas para dar al cuerpo humano su forma característica. La relajación profunda requiere algún esfuerzo, pero éste debe ser mínimo: se trata más de un dejarse ir que de una actividad dinámica. A medida que abandonamos las tensiones, la relajación profunda se va adueñando de cada músculo, fibra y célula de nuestro cuerpo, produciendo un efecto calmante que abre los canales energéticos para que el Qi pueda fluir sin obstrucción. Los practicantes avanzados llegan a relajarse tanto que dirigen el Qi hacia órganos específicos, e incluso al tuétano de los huesos. Esta capacidad requiere entrar en un estado parecido al trance y un aquietamiento total del cuerpo. Sólo quienes dedican su vida al Qi Gong logran dirigir el Qi a puntos específicos. Sin embargo, con la suficiente práctica y relajación, podemos sentir que el Qi se mueve por el cuerpo, a menudo en forma de calidez, calor o cosquilleo.

La tensión es inevitable porque es la respuesta natural a las circunstancias de la vida: los sucesos adversos que nos ocurren, los acontecimientos venturosos que no nos ocurren y las reacciones emocionales a ambos. La medicina moderna ha demostrado que la tensión intensa y prolongada es responsable de gran número de dolencias físicas, psicológicas e incluso sociales. Esto se debe a que el mismo reflejo de lucha o huida que dio a nuestros antepasados de las cavernas la velocidad y la fuerza necesarias para escapar del peligro, ahora se activa en situaciones en que no es necesario. Así, las hormonas asociadas a la tensión se vierten en el flujo sanguíneo y se quedan en él mucho más tiempo del necesario para afrontar sucesos que podrían tratarse con menos alarma corporal. Este estado de excitación innecesaria y de hipervigilancia mina nuestro sistema inmunológico y nos hace vulnerables a las infecciones víricas, a las enfermedades psicosomáticas e incluso a ciertos tipos de cáncer.

Como no podemos evitar la tensión, lo importante ha pasado a ser nuestra forma de afrontarla cuando surge. Si no hacemos nada para controlar el estrés, si juzgamos que es algo malo o reaccionamos a él con miedo o aversión, nuestro cuerpo y nuestra mente sufrirán. Por el contrario, si somos capaces de percibir la tensión y de aprovechar la ocasión para relajarnos, la reduciremos al mínimo y prevendremos las enfermedades que están asociadas a ella. Así, este aspecto de la regulación requiere que ajustemos constantemente el cuerpo para aliviar cualquier tensión que afecte a nuestros músculos, articulaciones, nervios, vasos y órganos internos. El Qi Gong tiene la intención de aliviar tensiones y relajar la totalidad del cuerpo para que el Qi pueda fluir libremente a través de los canales de energía. Nuestros canales de Qi deben permanecer abiertos y sin obstrucciones si queremos recuperar o mantener el delicado equilibrio que nos garantiza una salud óptima.

## Permanecer enraizados

La regulación corporal también implica echar unas raíces firmes que nos permitan sentirnos enraizados y estables. *El enraizamiento es la sensación de que entre nuestros pies y el suelo existe un contacto seguro que nos proporciona una base en la que apoyar todo el cuerpo.* Para sentirnos enraizados debemos sentirnos posturalmente alineados y relajados, por lo que este aspecto de la regulación depende de los que le preceden. Si nuestra postura es incorrecta, nuestra energía no podrá fluir libremente y conectarse con la tierra, y tampoco podremos activar la órbita microcósmica para limpiar los canales energéticos. Si no estamos relajados, cerraremos los canales por los que circula el Qi e impediremos un buen contacto energético con el suelo que tenemos bajo los pies.

Cada uno de los ocho movimientos que componen el Pal Dan Gum requiere que estemos firmemente enraizados para poder mantener el equilibrio y movernos correctamente. El enraizamiento nos da una base segura, dos puntos en los que apoyarnos y una relación constante con la gravedad. Si queremos permanecer enraizados en cualquier clase de Qi Gong activo lo primero que se nos pide es que permanezcamos «erguidos como un árbol», imaginando que nuestras raíces invisibles se hunden profundamente en la tierra. Para enraizarnos, hemos de permitir que nuestro cuerpo se asiente; a continuación, centramos nuestra energía en el Dan Tien y sentimos que nuestro peso se hunde en el suelo a través de los pies. Esto hace descender nuestro centro de gravedad y nos da una base mejor en la que apoyarnos, del mismo modo que el árbol contacta con la tierra por su parte más ancha. A continuación mantenemos las rodillas flexionadas para que la energía pueda fluir por nuestras piernas y pies hacia el suelo, y viceversa. Cuando nos erguimos como un árbol, extraemos energía del suelo y Qi celestial de las alturas. Ambas fuentes de Qi nutren nuestras raíces y expanden nuestros campos energéticos, tal como les ocurre a los árboles que imitamos. Cuanto más esfuerzo e intención pongamos en nuestra práctica de Qi Gong, más fuertes y desarrolladas estarán nuestras raíces, que constituyen un aspecto crucial de la regulación corporal.

*El mundo está enredado en un nudo. ¿Quién podrá desenredarlo?*
—POEMA BUDISTA.

*Si quieres desatar un nudo, debes observar la cuerda con cuidado y después deshacer el nudo delicadamente. Tirar de la cuerda sólo tensará más el nudo.*
—THOMAS HANNA.

# Entrenamiento mental

Evidentemente, estamos «enredados en un nudo», y para desenredarnos debemos «mirar el nudo con cuidado» entrenando nuestra mente. Como meditación-en-movimiento, el Pal Dan Gum es una práctica que nos pone en contacto con el único tiempo que tenemos para crecer, relajarnos y sanar, para «desenredar el nudo». Podemos sanar el pasado, pero no podemos sanarlo en el pasado. Puede que en el futuro nos sintamos sanados, pero el proceso de sanación sólo puede ocurrir en el momento presente que, o bien está ocurriendo ahora mismo o aún está por venir. Esto significa que debemos despertar la mente y prestar atención a lo que está ocurriendo y a cómo invertimos nuestra energía en cada momento. Ésta es la esencia de todas las formas de meditación.

Kabir dijo: «Habéis dormido durante miles y miles de años. ¿Por qué no despertar esta mañana?» Ésta es una buena pregunta. En general, la gente suele dejar de prestar atención porque tiene buenas razones para ello, o al menos sus razones parten de una intención positiva. Dicha razón a menudo tiene que ver con la evitación de una realidad dolorosa y con el intento de protegerse de la sensación de agobio. Nos esforzamos por escapar del dolor y del conflicto para acabar dándonos cuenta de que el conflicto es inevitable. A la larga, la evitación sólo prolonga el sufrimiento; lo que tenemos que hacer es dirigir la atención amistosamente hacia lo que nos hace sufrir. Esta estrategia nos pide que prestemos «atención desnuda» a lo que está pasando en el momento presente; es decir, sin añadir nuestra reacción a lo que ya está ocurriendo. Ésta es la práctica de la atención y requiere que empecemos por tomar consciencia de que estamos medio dormidos, condición que muchos budistas denominan ignorancia. Si no despertamos, seremos controlados por pensamientos, emociones, juicios, expectativas y fantasías no deseados, ya que son la consecuencia de una mente carente de disciplina y entrenamiento. La elección está en nuestra mano. Podemos despertar y prestar atención a lo que nos ocurre y a lo que ocurre dentro de nosotros, o permanecer medio dormidos y ser llevados de aquí para allá como el proverbial corcho en medio de un turbulento mar.

## la práctica de la atención

*Presta una atención precisa, momento a momento, a aquella cosa exacta que estés experimentando ahora mismo, separando tus reacciones de los hechos sensoriales en sí mismos.*
—Mark Epstein

Para poder entrenar la mente, primero tenemos que despertar. Para conseguir este objetivo, el entrenamiento Qi Gong toma prestados elementos de la antigua y elegante psicología budista contenida en las enseñanzas universales de Buda. La palabra «Buda» significa «aquel que ha despertado». Hay una historia que ilustra de manera muy hermosa la práctica de la atención en el momento presente. Un visitante le preguntó a Buda: «¿Qué es lo que tú y tus seguidores hacéis que distingue a vuestra *sangha* (comunidad espiritual) de las demás? El Buda respondió: «Nos sentamos, caminamos y comemos». «Pero señor», protestó el visitante, «¿qué hay de especial en eso? Todo el mundo se sienta, camina y come». El Buda continuó: «Es verdad. Pero cuando nos sentamos, sabemos que estamos sentados. Cuando caminamos, sabemos que estamos caminando. Y cuando comemos, sabemos que estamos comiendo».

La práctica de la atención al momento presente es el corazón de la meditación budista, pero no tenemos que hacernos budistas para practicarla. Cuando Buda dice: «Cuando comemos, sabemos que estamos comiendo», nos está enseñando que ser conscientes de una experiencia, por ordinaria que ésta sea, es el primer paso hacia el despertar. La práctica de la atención en el momento presente es una manera de despertar a lo que está ocurriendo realmente en nuestro cuerpo y en nuestra mente. Significa dar nuestra plena atención a cada aspecto de nuestra experiencia, sea ordinaria o extraordinaria, placentera o dolorosa, positiva o negativa. Finalmente, esta práctica nos ayudará a estar más calmados y a ser menos reactivos frente al estrés: un cambio necesario si queremos regular la mente más que estar a su merced. A medida que cultivamos la atención a través de esas formas de Qi Gong que integran meditación y movimiento, como por ejemplo el Pal Dan Gum, damos un salto cuántico hacia la integración de la sabiduría de Buda en nuestra vida cotidiana.

La atención es la disciplina esencial para entrenar la mente. Hemos de prestar atención momento a momento a nuestros pensamientos, sentimientos, sensaciones, comportamiento y fantasías; a cada aspecto de nuestra experiencia. En resumen, debemos desarrollar una consciencia clara de lo que está ocurriendo en nuestras vidas. Esto no resulta fácil ni sencillo porque nuestra mente parece tener voluntad propia y porque pasamos la mayor parte de nuestras vidas con el piloto automático. Siendo conscientes, hacemos el esfuerzo de permanecer despiertos para poder practicar el Qi Gong más eficazmente. Del mismo modo que en el caso del cuerpo y de la respiración, necesitamos regular la mente si queremos tener una salud óptima. Una mente entrenada nos ayudará a ver las cosas con claridad y a entender la verdadera naturaleza de nuestra experiencia. La capacidad de ver con claridad y aceptar las cosas tal como son es el aspecto espiritual de esta práctica; es lo que aporta equilibrio y armonía a todas las facetas de nuestras vidas, y no sólo cuando practicamos los movimientos de Qi Gong, sino en cada momento del día. Así, la atención, además de ser una práctica, transforma nuestro modo de vivir la vida.

Estar atentos significa realizar el esfuerzo de concentrar la atención en lo que está ocurriendo aquí y ahora. Si queremos cosechar todos los beneficios de nuestra práctica del Qi Gong tenemos que realizar el esfuerzo de centrar nuestra atención en lo que ocurre, sin añadirle nuestra reacción personal característica. Esta estrategia concentra y estabiliza la mente para poder dirigirla a una cosa cada vez. A esto se le llama concentración. El cultivo de la concentración es otra forma de despertar del sueño de la consciencia ordinaria para estar más vivos y más conscientes de nuestras posibilidades electivas. Una vez que despertemos y aprendamos a concentrarnos, seremos conscientes de lo que ocurra no sólo a nuestro alrededor, sino también dentro de nosotros. Así aprendemos a atender y a observar nuestro mundo interno sin dejarnos distraer por el interminable diálogo interior que altera y desordena la mente. La práctica de la atención al momento presente es una estrategia que nos hace enfocar nuestra atención y concentrarla en una cosa cada vez, lo que nos permite adquirir cierto control sobre nuestra mente no entrenada.

## los seis ladrones y demonios de la mente

*A medida que trabajamos con ellos, los demonios van enriqueciendo nuestras vidas.*
*Se les ha denominado «abono para la iluminación» o «malas hierbas de la mente»,*
*que arrancamos o enterramos cerca de la planta para nutrirla.*
—JACK KORNFIELD

Para los budistas, observar la propia corriente de consciencia es «protegerse de los seis ladrones». Los seis ladrones son vista, sonido, olor, sabor, tacto y pensamientos descontrolados. Se trata, por supuesto, de las percepciones asociadas con los ojos, los oídos, la nariz, el cuerpo, la lengua y la mente. Cuando nos perdemos o nos apegamos a nuestras percepciones, independientemente de que las consideremos positivas o negativas, se nos roba nuestra verdadera naturaleza de Buda. Aquí es donde las filosofías del budismo y del taoísmo encuentran su lugar común. Un concepto central en el taoísmo es el de la quietud, que es no ver, no oír, no oler, no tocar, no saborear, y el pensamiento sin pensamiento. Así, el taoísta que practica la quietud para detener el pensamiento es como el budista que trata de ser consciente de los seis ladrones para permanecer en el sendero de la iluminación.

El ladrón que más probablemente minará nuestra naturaleza de Buda es la polución mental, que se produce cuando nuestra mente genera algún pensamiento que nos altera emocionalmente. Los budistas consideran que la raíz de todo sufrimiento es el apego emocional y también el apego a la gratificación sensorial vinculada a la vista, el oído, el olfato, el gusto y el tacto. Una vez más, los taoístas están de acuerdo. El *Tao Te Ching* nos dice que: «Los cinco colores ciegan el ojo. Los cinco tonos ensordecen el oído. Los cinco sabores anulan el gusto». Para conseguir regular nuestra mente, debemos aprender a no apegarnos a nuestras experiencias sensoriales, por gratificantes que sean. La idea del desapego es crucial en la teoría formativa del Qi Gong porque al desapegarnos podemos controlar nuestras emociones, una clave para preservar la salud y sanar la enfermedad. Esto tiene sentido porque las emociones afectan al equilibrio y al flujo de Qi, y el Qi ejerce una influencia controladora sobre el cuerpo y la mente.

La atención nos muestra dónde y cómo estamos atrapados por nuestras emociones. Pensemos que la palabra emoción («e-moción») quiere decir «energía en movimiento», y tengamos en cuenta también que el estrés y las emociones negativas dañan nuestro cuerpo. Empleando como modelo de referencia el sistema oriental tradicional de los meridianos, se cree que la tensión emocional obstruye el flujo sano de la energía, constriñendo los canales de Qi. Esto es particularmente cierto en el caso de lo que los maestros taoístas denominan los demonios de la mente (otra versión de los seis ladrones). Los demonios más destructivos son la ira y el odio, el padecimiento prolongado y los aspectos dolorosos del deseo: anhelos y adicciones de todo tipo. En otras palabras, las experiencias emocionales negativas crean desequilibrios y bloqueos en el vasto entramado energético que se extiende por el cuerpo humano. No resulta fácil controlar estos «demonios» emocionales, pero haciéndoles sitio en nuestra consciencia de vigilia y observándolos, encontramos el modo de trabajar con ellos.

Ésta era la intención de Buda cuando instruyó a sus estudiantes para que se dijeran en silencio: «Ésta es una mente llena de anhelo», o «ésta es una mente llena de ira». Observando nuestras emociones en estado meditativo, independientemente de si es una meditación sentada o una meditación en movimiento como el Pal Dan Gum, cultivamos la atención. Esto nos permite comprender nuestros «ladrones» y «demonios» más plenamente y equilibrar lo reactivo en nosotros. Cuando observamos y damos nombre a nuestras emociones en lugar de expresarlas, favorecemos la paz mental y la quietud corporal. A nivel energético, mantenemos (o restauramos) el flujo adecuado del Qi para equilibrar y armonizar los campos de energía asociados a nuestro cuerpo y nuestra mente. Cuando permanecemos centrados en el presente es menos probable que interpretemos lo que está ocurriendo en función de las antiguas experiencias negativas que aún influyen en nuestras reacciones. Como prestamos una atención «desnuda» a lo que nos ocurre por dentro y a lo que sucede a nuestro alrededor, somos libres de usar la emoción como una energía positiva orientada a dirigir nuestra vida. Las emociones que afrontamos conscientemente son como «flechas» que nos guían a comportarnos de maneras más apropiadas y satisfactorias.

Por otra parte, cuando son las emociones las que nos controlan es porque sufrimos de una falta de atención. Simplemente reaccionamos sin consciencia: nuestros cuerpos se tensan, nuestras mentes entran en guerra y desconectamos nuestros sentidos espirituales. A veces nos identificamos tanto con nuestras emociones que nos olvidamos de quiénes somos y creemos que somos ellas. Dada la suficiente cantidad de estrés, nos resulta fácil olvidar que somos seres espirituales que también sentimos emociones. Así, si no estamos atentos, nuestros «ladrones» y «demonios» puede apropiarse del control de nuestros pensamientos, sentimientos y de nuestra manera de relacionarnos, tanto con nosotros mismos como con los demás. La atención es un modo de equilibrar la mente, independientemente de lo intensas y seductoras que sean nuestras emociones. Nos permite darnos cuenta de lo que está ocurriendo sin mostrarnos tan reactivos, sin juzgar a los demás, sin tratar de controlar ni evitar la situación que tenemos ante nosotros. Entonces podemos recordar quiénes somos en realidad.

La atención es paradójica. Estando más atentos y conscientes de lo que nos distrae y altera, por doloroso que sea, desarrollamos una relación diferente con ello y nos serenamos. Esto nos libera para poder «mirar dentro» de nuestras emociones e incluso hacernos amigos de ellas. Esta cualidad es la ecuanimidad: la capacidad de vivir desde nuestro centro espiritual y de permanecer estables y «de una pieza» aunque estemos bajo presión. La ecuanimidad estabiliza la mente aunque experimentemos los inevitables cambios y tensiones de la vida. El autor y meditador budista Jack Kornfield emplea la imagen de una montaña para ilustrar esta cualidad de ecuanimidad. La montaña simplemente está allí, independientemente de lo que ocurra. El sol la golpea, la lluvia cae, queda enterrada bajo la nieve y le caen rayos. ¿Y qué hace la montaña para responder a estas condiciones extremas? ¡Permanece inmóvil y estable! Practicando la atención cultivamos la ecuanimidad, considerada un factor clave para lograr la iluminación. El Pal Dan Gum te ayudará a aprender a ser como esa montaña.

# el pal dan gum como
# meditación en movimiento

*...la atención en la vida cotidiana es importante —tal vez central— pero sólo puede llegar hasta cierto punto si no aumentamos la gama de posibilidades de nuestro comportamiento corporal (lo que se adquiere a través de movimientos y ejercicios)...*

—RICHARD SMOLEY

Hay un antiguo proverbio tibetano que dice: «Pedir carne sin hueso y té sin hojas es una pretensión exagerada». Esto significa que, entre otras cosas, mientras tengas mente tendrás pensamientos que te distraigan y emociones inquietantes. Por esta razón, la gente dedica tiempo a meditar que es, en esencia, tratar de permanecer consciente y atento (más sobre la meditación en el capítulo 9). La meditación es un modo de salir al encuentro de los «seis ladrones» y «demonios de la mente» en el momento en que surgen. Cualquiera que haya intentado meditar sabe que los ladrones y demonios surgen en la mente, y esta realidad hace necesario que estemos atentos mientras realizamos los ejercicios de Pal Dan Gum, que es una meditación en movimiento. *En el momento en que intentes concentrarte en el movimiento correcto, tu mente deseará huir hacia algo más interesante: una tarea sin acabar, un canción que suena en tu cabeza, una relación problemática, se preguntará si la lluvia habrá dañado los ruibarbos o cualquier otra cosa. Cuando esto ocurra, simplemente toma nota de la distracción sin juzgarla, sin aferrarte a ella ni evitarla, y regresa con la atención a las sensaciones respiratorias.* Este proceso de combinar la atención con el movimiento es lo que hace del Pal Dan Gum una forma de meditación, además de una serie de ejercicios energéticos.

El entrenamiento mental no significa que tengas que desconectarte de las sensaciones corporales mientras practicas los ocho movimientos de seda. Presta atención a las sensaciones que acompañan a cada movimiento en el momento en que surgen. Esto te ayudará a reconectarte con tu cuerpo y a sentirte más a gusto en él. Trata de desarrollar una consciencia sensorial precisa de cada movimiento: nota cómo tu vientre se expande y se contrae con la inspiración y la espiración; presta atención a la tensión que se produce cuando practicas los estiramientos; observa cualquier zona de dolor muscular o tensión; percibe cualquier retroalimentación sensorial relacionada con el equilibrio; experimenta el placer de moverte lentamente y con gracia. Si descubres que te estás distrayendo, simplemente dirige la atención a las sensaciones que te produce la respiración profunda orientada hacia el Dan Tien. Volviendo la atención a la respiración cada vez que notes que te has alejado, te enraizarás y regresarás al aquí y ahora. Finalmente, este proceso potenciará y fijará tu capacidad de concentración, con lo que la calidad de tu Qi Gong mejorará.

Después de practicar la atención durante algún tiempo, puede que experimentes un estado mental poco familiar en el que no surge pensamiento alguno. Este estado puede durar un instante o, si estás tocado por la gracia, durará toda la sesión de ejercicios de Qi Gong. Los taoístas lo denominan estado de vacío mental o regresar al estado de vaciedad. Cuando este estado se presenta, significa que has entrenado tu mente hasta el punto de poder experimentar el «pensamiento sin pensamiento»; has alcanzado un profundo estado meditativo en el que los contenidos habituales de la mente han quedado descartados de la consciencia de vigilia. En el vacío, la mente se limpia y el cuerpo respira libremente sin intervención mental.

El objetivo último del entrenamiento y de la regulación mental es la realización del Pal Dan Gum en estado de vacío mental. Es un sentimiento dichoso de quietud interna, en el que eres uno con los movimientos y puedes fluir a lo largo de la secuencia con total libertad. El vacío mental es el premio que se obtiene por aprender a prestar atención desnuda a la frescura del momento presente, por prestar atención sin juicio y sin mostrarse reactivo. Aunque sólo llegues a vislumbrar el vacío, el cultivo de la atención te permitirá «deshacer el nudo», escuchar y sanar tu cuerpo y tu mente. Estar atento al momento presente se convertirá en una manera de ser en el mundo, en lugar de ser algo que se practica únicamente durante la meditación o los ejercicios de Qi Gong. La capacidad de estar presente es un regalo de Dios. Acéptalo.

*Un árbol tan grande como el abrazo de un hombre surge de un pequeño brote;*
*Un terraplén de nueve pisos de alto comienza con un pequeño montón de tierra;*
*Un viaje de mil kilómetros empieza justo debajo de tu propio pie.*
—LAO TSÉ
*Tao Te Ching (64)*

# El Pal Dan Gum

## comenzar

*Aprendemos a hacer algo haciéndolo. No hay otro modo.*
—JOHN HOLT

Este capítulo nos ofrece algunos consejos para comenzar la práctica, seguidos de las intrucciones para realizar el Pal Dan Gum. El formato en que se presentan los movimientos resulta fácil de entender. En primer lugar, se facilita el nombre de cada movimiento y la posición de partida. A esto le siguen instrucciones paso a paso y fotografías que te muestran cómo hacer el movimiento de principio a fin, y cuál es la fase de la respiración que acompaña a cada movimiento. Antes de las instrucciones se explican los beneficios que tiene cada movimiento para la salud.

Como el Pal Dan Gum es una meditación en movimiento, suave y fluida, su práctica es una estrategia de sanación segura, natural y eficaz para cuerpo, mente y espíritu. ¡Empezar es muy fácil! En cualquier caso, para obtener el máximo beneficio de estos seis simples pero poderosos movimientos que conforman el Pal Dan Gum, lo mejor es seguir las directrices siguientes.

## Quién puede practicar

El Pal Dan Gum es beneficioso para hombres y para mujeres de cualquier edad. Como es una forma de ejercicio suave y de bajo impacto que puede practicarse a distintos niveles de intensidad, también resulta adecuado para niños y ancianos. El Pal Dan Gum es apropiado para cualquiera que tenga problemas de salud, en especial para enfermos crónicos. Evita practicarlo cuando estés tan enfermo que el descanso resulte más benéfico que el ejercicio. Si estás recuperándote de alguna lesión o sientes dolor, consulta con un profesional de la salud antes de comenzar con la práctica. A las mujeres que tienen un flujo menstrual muy abundante se les aconseja posponer la práctica hasta que éste remita.

## Ropa

La clave reside en la simplicidad. Ponte ropa cómoda que no restrinja tu libertad y campo de movimientos. Asegúrate especialmente de soltarte el cinturón o cualquier prenda apretada que te impida respirar profundamente hacia el Dan Tien. Es mejor llevar poca ropa siempre que no se pase frío. También es preferible usar ropa de algodón porque sus fibras naturales «respiran» y son suaves. Lo óptimo es caminar descalzos para que las plantas de los pies tengan un buen contacto con el suelo. Esto te permitirá estar «erguido como un árbol» y sentir mejor la conexión con el campo magnético de la tierra. Si tienes que ponerte zapatos, elígelos de suela fina para poder sentirte enraizado.

## Lugar

Siempre que puedas, practica al aire libre, preferiblemente cerca de árboles y plantas. Cuando el tiempo o las circunstancias no te permitan salir al aire libre, practica en casa, en un lugar fresco pero no frío, bien ventilado pero sin corrientes de aire. Independientemente de si practicas dentro o fuera de casa, es mejor disponer de tu propio espacio sagrado para practicar el Pal

Dan Gum y realizarlo siempre en ese espacio. Elige un lugar tranquilo, meditativo, que sea acogedor y en el que sea poco probable que te molesten.

## Momento del día

Según los antiguos maestros, los mejores momentos para practicar los ejercicios de Qi Gong son las primeras horas de la mañana y las horas del atardecer, al menos hora y media antes de la cena. Si estos momentos no se adecuan a tu horario, practica cuando mejor te venga. En cualquier caso, si sólo vas a practicar el Pal Dan Gum una vez al día, te recomiendo decididamente que lo hagas a primera hora de la mañana. La práctica debe realizarse con el estómago medio vacío (un estómago lleno inhibe el flujo energético) y después de vaciar los intestinos y la vejiga (para no distraerse).

Me gusta practicar a primera hora de la mañana y por la noche, justo antes de dormir. Algunos encuentran que el Pal Dan Gum es demasiado energetizante si se practica justo antes de dormir y les produce insomnio o desvelo. Como cada persona es diferente, experimenta y descubre el momento que te resulte más benéfico. Y recuerda que el Pal Dan Gum sólo requiere seis minutos, por lo que tal vez desees realizar sesiones extra en momentos libres. *Haz de tu práctica una parte más de tu vida cotidiana, no una decisión diaria, y nunca te la saltes dos días seguidos.*

# los ocho movimientos de seda

*El cuerpo deber ser elástico como el de un niño;*
*los movimientos deben ser flexibles como una serpiente;*
*la sensación debe ser suave como el agua;*
*la respiración debe ser serena como una nube.*

—PROVERBIO QI GONG

Los ocho movimientos de seda que conforman el Pal Dan Gum pueden aprenderse fácilmente observando las siguientes instrucciones y mirando las fotografías. Dedica entre 10 y 20 minutos al aprendizaje de cada movimiento (algunos requieren un poco más tiempo que otros). Como principiante, concéntrate primero en aprender el movimiento y después en seguir la pauta respiratoria adecuada. Aprende los movimientos en la secuencia correcta, ya que siempre se practican en el mismo orden. Después de aprender el Movimiento I, pasa al Movimiento II, y así sucesivamente. Obtendrás los máximos beneficios si recuerdas las instrucciones siguientes:

1. *Remítete frecuentemente a las fotografías.* Antes de empezar, lee los ocho movimientos para tener una visión general. A continuación, antes de probar un movimiento, lee con cuidado todas las notas e instrucciones para realizarlo. Piensa en las fotografías como si fueran una clase particular con un profesor experimentado que te proporciona supervisión permanente. Estudia cada fotografía con cuidado y, si es posible, comprueba la postura que adoptas ante un espejo de cuerpo entero para asegurarte de que lo haces correctamente. El perfeccionamiento vendrá con la práctica, pero es mejor empezar con un buen estilo para no tener que corregir errores o erradicar malos hábitos. El Pal Dan Gum, como todas las formas de Qi Gong activo, está pensado para realizarse con precisión. Esto significa adoptar la postura correcta, mantener la columna recta (excepto en el movimiento VI que exige que se arquee la espalda), cambiar el peso uniformemente al pasar de una postura a otra manteniendo siempre el equilibrio y fluir con suavidad de un movimiento al siguiente. Si consultas las fotografías frecuentemente es más probable que desarrolles y perfecciones estos elementos del correcto estilo.

Date cuenta de que cada fotografía se identifica por un número romano que indica cuál de los ocho movimientos se está mostrando, y por un número arábigo que indica su orden en la serie de fotografías que ilustran ese movimiento particular. Así, la figura II-1 te muestra el Movimiento II y es la primera (posición de partida) de la serie de fotografías que muestran ese movimiento concreto; la figura VIII-3 forma parte de del Movimiento VIII y es la tercera de la serie de fotografías que representa ese movimiento. Al final de cada movimiento hay otra secuencia continua de fotografías que muestra la totalidad del movimiento y la pauta respiratoria adecuada.

2. *Relájate y muévete con lentitud*. Antes de empezar el Movimiento I, toma un momento para permanecer de pie en la postura correcta, relaja el cuerpo y siente el enraizamiento. Esto asegura que tus movimientos sean naturales y relajados, abriendo así los canales de Qi para facilitar el libre flujo de energía que garantiza una salud óptima. Recuerda que el Pal Dan Gum debe practicarse despacio e intencionadamente de principio a fin. Este modo de practicar, además de contribuir a mantener la postura adecuada, facilita el aprendizaje de los pasos de cada movimiento y evita los errores. Con la excepción del Movimiento VII, *Golpear con ojos furiosos*, deberías sentir como si practicases toda la secuencia de movimientos a cámara lenta (pero no demasiado despacio).

Los movimientos lentos ayudan a relajar el cuerpo y la mente para poder fluir suavemente de un movimiento al siguiente, como si estuviéramos «extrayendo seda de un capullo». También te ayudarán a mantenerte en equilibrio a lo largo de toda la secuencia (éste es un principio fundamental en todas las escuelas de Qi Gong). Dentro de la teoría del Qi Gong se considera que el Pal Dan Gum es un «modo suave» de hacer ejercicio y equilibrar la energía. Esto significa que nunca debes sentir dolor físico por esforzarte excesivamente o por darte demasiada prisa. Si no estás capacitado físicamente para realizar alguna parte del movimiento, simplemente adáptalo y aproxímate a él todo lo que puedas. A medida que te fortalezcas y adquieras más coordinación, mejorará tu forma y tu habilidad. Recuerda que la intención del Pal Dan Gum es aumentar tu fuerza y tu salud a través de movimientos lentos, estiramientos relajados y una práctica asidua.

3. *Al estirarte, no llegues a tu plena capacidad.* Todo estiramiento durante el Pal Dan Gum debería hacerse sin llegar a la plena capacidad. Estírate hasta un punto en el que sientas una tensión entre ligera y moderada en los músculos sometidos al estiramiento. Para la mayoría de la gente esto ocurre cuando llega a una banda de entre un 70 y un 85 por ciento de su capacidad (un poco más en el caso de los más flexibles, un poco menos en el caso de los menos flexibles). Más vale hacer los estiramientos excesivamente fáciles y, a continuación, paulatinamente a lo largo de los días y semanas, ir unos centímetros más allá. *Los estiramientos lentos alargan los músculos y enseñan al cuerpo el rango de movimiento que tiene a su disposición. La flexibilidad aumenta cuando mantenemos cada estiramiento y nos relajamos en él, no cuando nos forzamos al máximo.* Tratar de forzar haciendo que un músculo tenso o contraído se estire demasiado es contraproducente, y lo único que conseguiremos es contraerlo todavía más. La mejor regla orientativa es soltar si sientes una tensión un poco más que moderada durante cualquier estiramiento, y deternerse si se experimenta algún dolor.

No tenses las articulaciones, ya que eso restringe el flujo de Qi, ¡y no des botes! Cuando se rebota se está haciendo un tipo de estiramiento llamado «balístico»: uno trata de prolongar el estiramiento dando pequeños tirones repetidos cuando ya se encuentra en la posición estirada. Esto produce la ilusión de ampliar el estiramiento, pero en realidad envía al músculo el mensaje de que se está estirando demasiado, haciendo que se tense y se contraiga para protegerse de posibles lesiones. Dar botes te acerca demasiado al 100 por ciento de tu capacidad de estiramiento y resulta peligroso porque corres el riesgo de dañar músculos, tendones y ligamentos. También puede desgarrar las fascias (la fina capa de tejido conjuntivo que rodea y unifica nuestros músculos), produciendo cicatrices en el tejido y pérdida de flexibilidad.

El Pal Dan Gum requiere estiramientos lentos, deliberados y «estáticos». En el método de estiramiento estático ponemos al músculo en posición estirada y a continuación lo mantenemos así uno o dos segundos para alargarlo un poco más de su tamaño habitual. Este método estático es una manera segura de realizar el estiramiento porque señala al músculo cuándo estirarse y cuándo relajarse. Los efectos benéficos de este método tienen algo de paradójico; al estirarnos un poco menos de nuestra plena capacidad y mantener esa posición, alargamos los músculos y logramos una mayor flexibilidad. El estiramiento lento permite a los deportistas acumular fuerza y vigor, mejorando su coordinación, aliviando el dolor y reduciendo el riesgo de lesiones.

4. *Acuérdate de respirar adecuadamente*. Recuerda las tres claves para regular la pauta respiratoria: la respiración ha de ser ligera, silenciosa y profunda. Esto significa inspirar lenta y silenciosamente por la nariz, dirigiendo el aire hacia lo profundo del abdomen; a continuación, hacemos una breve pausa y realizamos una espiración completa a través de la nariz, volviendo a hacer otra breve pausa antes de tomar la siguiente inspiración y continuar con este ritmo. Durante la práctica del Pal Dan Gum trata de coordinar la respiración con los movimientos corporales. Generalmente comenzarás la inspiración con el movimiento, harás una pausa momentánea mientras mantienes el estiramiento y seguidamente comenzarás a espirar mientras empiezas regresar a la posición de partida, en la que volverás a detenerte un momento antes de comenzar el siguiente movimiento que va acompañado de una nueva inspiración. En la secuencia fotográfica que se muestra al final de cada movimiento se incluye la pauta respiratoria correcta. No te preocupes por acompasar correctamente la respiración hasta que lleves unos meses practicando. Aunque no hicieras otra cosa que llevar la respiración al Dan Tien ya mejorarías significativamente tu pauta respiratoria.

5. *Expectativas*: No esperes aprender toda la secuencia de movimientos o la respiración adecuada en la primera sesión. Nadie se convierte en un maestro de Qi Gong en unos meses, ni siquiera en unos años de práctica. Hay un viejo dicho que afirma: «¡No se aprende a tocar el violonchelo en una semana!» Esto es verdad en el caso del Qi Gong. Sé paciente contigo mismo y mantente alerta ante cualquier juicio negativo respecto a lo rápido o a lo bien que aprendes los movimientos. Si te sientes impaciente o autocrítico, presta atención a este hecho y vuelve a dirigir la atención suavemente hacia las sensaciones de tu ciclo respiratorio. En realidad, el Pal Dan Gum es

muy simple, y lo aprenderás rápidamente si sigues las directrices y practicas con regularidad.

Mantén expectativas positivas respecto a lo que el Pal Dan Gum puede hacer por ti. Sean cuales sean las expectativas que abrigues, cualquiera que fuera tu deseo cuando compraste este libro, mantén la esperanza de conseguirlo. Existe una parte de ti, tu sanador interno, que sabe que puedes sanar cualquier problema corporal, mental o espiritual. *Si practicas asiduamente durante el tiempo suficiente, estos poderosos ejercicios pueden fortalecer y armonizar tu campo energético y restaurar en tu cuerpo la memoria genética del bienestar.* El Pal Dan Gum es un antiguo y probado método de conectar con tu sanador potencial, así como con la ilimitada energía curativa que Dios pone a nuestra disposición. Sólo hay una cosa que hacer: ¡Imagina que tienes una salud óptima y espera que se produzcan los cambios deseados!

6. *Calentamiento*: Como en cualquier otro tipo de ejercicio, es recomendable realizar un calentamiento previo, especialmente si sentimos tensión o incomodidad en ciertas áreas del cuerpo. Como los ocho movimientos de seda son suaves y delicados, y los estiramientos se realizan a menos de la plena capacidad, el calentamiento no tiene por qué requerir más de uno o dos minutos, a menos que uno elija prolongarlo. Comienza el calentamiento examinando tu cuerpo de arriba abajo, de dentro afuera, y prestando mucha atención a tus sensaciones corporales. Con mucho cuidado, percibe cualquier zona corporal que pueda estar tensa o dolida, y advierte también dónde sientes que la energía está bloqueada. Inspira Qi positivo hacia esas áreas de tensión y libera el Qi negativo a través de la espiración. A continuación frótate las manos para generar calor y masajea con viveza cualquier zona en la que sientas molestias. Este proceso recibe el nombre de «An Mo Gong», que significa «trabajo de masaje» o «automasaje». En Oriente ha sido empleado durante siglos para despertar el Qi y comenzar el proceso de apertura de los canales por los que fluye la energía.

Otra técnica es poner la mano en forma de puño abierto y golpearse ligeramente con él por todo el cuerpo, bien con la parte anterior de las manos o con la posterior (en la parte anterior del cuerpo es más fácil golpear con la parte anterior del puño abierto o con la palma y viceversa). Asegúrate de masajearte de este modo toda la zona del Dan Tien, de adelante hacia atrás, así como cualquier otra zona que necesite sanación. Para mí, los golpes suaves son mejores para despertar el Qi y el frotamiento es ideal para abrir los canales de Qi, por lo que practico ambas técnicas. También puedes rotar los hombros, flexionar las rodillas y balancear las caderas mientras golpeas o frotas tu cuerpo. Esto aflojará las principales articulaciones para que el Qi pueda circular por ellas. Cuando notes que has entrado en calor, comienza la secuencia de movimientos y relájate realmente en cada estiramiento, sobre todo en los que afectan a las zonas donde sientes incomodidad.

Ten presentes estas instrucciones y ¡ya estás preparado para empezar a practicar el Pal Dan Gum!

# Sostener el cielo con las manos

**Beneficios para la salud**: *Sostener el cielo con las manos* te prepara para los siete movimientos siguientes, vigorizando tus músculos y relajando el cuerpo en su totalidad. Mejora la postura corporal llevando los distintos segmentos corporales (cabeza, hombros, tórax, pelvis, piernas), a un mayor alineamiento vertical. Abre y equilibra los canales de Qi para mejorar la circulación sanguínea y la digestión, favoreciendo una respiración más profunda. Este ejercicio también estimula el sistema endocrino que a su vez potencia la sexualidad.

**I.1** Ponte de pie, erguido, con la parte alta de la cabeza estirada hacia arriba y el mentón ligeramente contraído.

- Mantén los pies a la distancia aproximada de los hombros.
- Los brazos quedan a ambos lados del cuerpo, con las manos juntas un poco por debajo del ombligo, las palmas hacia arriba y los dedos entrelazados.
- La mirada se dirige hacia delante.

**I.2** Inspira lenta y profundamente.

   • Separa los dedos y eleva los brazos lentamente, alejándolos de los costados.

   *Nota: tu respiración es una inspiración profunda desde*
   *el movimiento I.2 hasta el I.4.*

**I.3** Los dedos se encuentran encima de la cabeza.

   • Entrelaza los dedos con las palmas hacia abajo.

**I.4** Rota las palmas dirigiéndolas hacia el cielo y estira los brazos con esfuerzo hasta que los codos estén totalmente extendidos.

• Elévate sobre los dedos de los pies, estirándote durante uno o dos segundos.

**I.5** Espira lenta y plenamente, baja poco a poco los talones y deja que tus brazos floten volviendo a ambos lados del cuerpo.

Repite la secuencia dos veces más, elevando los brazos tres veces en total.

## movimiento I. secuencia

Inspiración

**Nota**: Si pierdes el equilibrio al elevarte sobre los dedos de los pies, separa un poco más los pies en la posición de partida. Ampliando la base te resultará más fácil mantener el equilibrio. A medida que tu equilibrio vaya mejorando con el tiempo y la práctica, acerca los pies hasta que estén a la distancia aproximada de los hombros. Nota que la posición de partida del Movimiento I —en realidad de los ocho movimientos— es tan sólo ligeramente distinta de la posición *Erguido como un árbol*, la «postura de poder» que se muestra en la página 53.

Espiración

## movimiento II

# Tensar el arco

**Beneficios para la salud**: *Tensar el arco* aumenta la capacidad y resistencia de los pulmones, lo que ayuda a respirar adecuadamente. Estimula el corazón y mejora la circulación sanguínea. También fortalece los músculos de los brazos, de los hombros, del pecho y de los muslos. Este ejercicio acumula y equilibra el Qi que fluye por todo el cuerpo para potenciar la función inmunológica.

**II.1** Fluyendo con suavidad desde el Movimiento I, da un paso hacia la izquierda, separando los pies a una distancia un poco mayor de la existente entre los hombros.

- Dobla las rodillas hasta el punto de esfuerzo (posición de montar a caballo).
- Cruza los brazos frente al pecho, metiendo el brazo derecho por debajo del izquierdo.
- Tu mano derecha tiene la forma de un puño sin apretar, con el pulgar tocando el dedo índice como si sostuvieras la cuerda de un arco.
- El índice de tu mano izquierda apunta hacia el cielo.
- Dirige los ojos hacia delante.

**II.2** Inspira lenta y profundamente.

- Empuja tu brazo lentamente hacia la izquierda hasta extender el codo plenamente (como si dibujaras un arco).
- Al mismo tiempo, lleva el brazo derecho lentamente hacia la dere-cha con el codo doblado (como si tensases la cuerda de un arco).
- Los ojos siguen a tu dedo índice, de modo que giras los ojos hacia la izquierda a medida que el arco se abre.
- Mantén el estiramiento durante unos segundos.

**II.3** Espira lenta y plenamente mientras dejas que tus brazos vuelvan flotando a la parte delantera del pecho, metiendo el brazo izquierdo por debajo del derecho.

- Tu mano izquierda tiene forma de puño sin apretar, con el pulgar en contacto con el dedo índice.
- Tu índice derecho señala hacia el cielo.

**II.4** Inspira lenta y profundamente

- Empuja tu brazo derecho con lentitud hacia la derecha hasta extender completamente el codo (dibujar el arco).
- Al mismo tiempo, estira tu brazo izquierdo lentamente hacia la izquierda con el codo doblado (tensando la cuerda del arco).
- Los ojos siguen a tu dedo índice derecho de modo que giras la cabeza hacia la derecha a medida que se tensa el arco.
- Mantén el estiramiento durante unos segundos.

**II.5** Espira y deja que tus brazos vuelvan flotando a su posición cruzada sobre el pecho, pasando de nuevo el brazo derecho por debajo del izquierdo.

Repite la secuencia dos veces más, alternando hasta que hayas tensado el arco 3 veces hacia cada lado.

## movimiento II. secuencia

Inspiración          Espiración

**Nota**: Mantén la posición de montar a caballo a lo largo de todo el Movimiento II. Esto te ayudará a desarrollar unas raíces robustas para poder sentirte firme y estable sobre tus pies. Imagina que tienes intención de lanzar la flecha a una gran distancia y que el dedo que apunta a lo lejos está dirigido hacia la diana. A medida que trazas el arco, la mano que tensa la cuerda debe permanecer más baja que la que sostiene el arco (observa la dirección ascendente en las Figuras II-2 y II-4).

Inspiración          Espiración

## movimiento III

# Elevar las manos

**Beneficios para la salud**: *Elevar las manos* ajusta el funcionamiento estomacal, regulando la digestión y favoreciendo el proceso de eliminación. Aumenta la circulación de Qi hacia el bazo para potenciar la función inmunológica. Este ejercicio tensa todos los músculos de la caja torácica, lo que aumenta la capacidad pulmonar y fortalece el pecho, la parte superior de la espalda, los hombros y los brazos. También es beneficioso para el hígado y la vejiga urinaria.

**III.1** Pasa suavemente de la posición de montar a caballo (Movimiento II), a erguirte manteniendo los pies a la distancia aproximada de los hombros.

- Los brazos a ambos lados, las manos juntas por debajo del ombligo, las palmas hacia arriba, los dedos entrelazados.
- Los ojos dirigidos hacia delante.

**III.2**  Inspira lenta y profundamente.

- Separa los dedos y eleva la mano izquierda por encima de la coronilla, con la palma hacia arriba, hasta que el codo esté totalmente extendido.
- Al mismo tiempo, empuja tu mano derecha por debajo del cóccix, con la palma hacia abajo, hasta que el codo esté completamente extendido.
- Mantén el estiramiento durante algunos segundos.

**III.3**   Espira lenta y completamente mientras te relajas y regresas a la posición inicial con los dedos entrelazados.

**III.4**  Inspira lenta y profundamente.

- Separa los dedos y empuja tu mano derecha por encima de la coronilla con la palma hacia arriba hasta tener el codo totalmente extendido.
- Al mismo tiempo, lleva tu mano izquierda debajo del cóccix, con la palma hacia abajo hasta que el codo quede totalmente extendido.
- Mantén el estiramiento unos segundos.

**III.5** Espira lenta y completamente mientras te relajas y vuelves de nuevo a la posición de partida, con los dedos entrelazados.

Repite la secuencia dos veces más, alternando la elevación de la mano izquierda y de la derecha tres veces a cada lado.

## movimiento III. secuencia

Inspiración          Espiración

**Nota**: Debes mover las manos hacia arriba y hacia abajo con esfuerzo si quieres conseguir el máximo beneficio para la salud. Como siempre, estírate sin llegar a tu plena capacidad y amplía gradualmente tus estiramientos para ganar flexibilidad.

Inspiración          Espiración

# Girar la cabeza y mirar atrás

**Beneficios para la salud**: *Girar la cabeza y mirar atrás* es un ejercicio que energetiza y tonifica el sistema nervioso central: el cerebro y la médula espinal. Se dice que cura «los cinco problemas y los siete desórdenes» rejuveneciendo los órganos internos, potenciando la función inmune y favoreciendo el bienestar general. Los «cinco problemas» son la tensión ocular causada por el esfuerzo y las tensiones musculares debidas a estar demasiado tiempo tumbados, sentados, de pie y caminando. Los «siete desórdenes» hacen referencia a los síntomas físicos causados por el miedo, la ira, la inquietud, el exceso de comida, el agotamiento, los escalofríos y el clima extremo. El Movimiento IV también previene los problemas de cuello aumentando la fuerza y flexibilidad de los músculos de esa zona. Es un maravilloso antídoto cuando se tienen los síntomas que suelen acompañar al proceso de envejecimiento: la parte superior de la espalda encorvada, la cabeza inclinada hacia delante y el pecho hundido.

**IV.1** Permanece de pie, erguido, con los pies separados a la distancia de los hombros.

- Cruza los brazos sobre el pecho, poniendo el izquierdo sobre el derecho.
- Dirige la mirada hacia delante.

**IV.2** Inspira lenta y profundamente expandiendo el pecho y estirando los brazos hacia abajo y alejándolos del cuerpo, con las palmas mirando hacia el cielo.

- Al mismo tiempo, gira la parte superior del cuerpo y la cabeza hacia la izquierda y mira hacia atrás por encima de tu hombro izquierdo tan lejos como puedas.
- Mantén el estiramiento durante algunos segundos.

**IV.3** Espira lenta y completamente mientras dejas que los brazos vuelvan flotando lentamente a su posición inicial, aunque esta vez con el brazo derecho sobre el izquierdo.

**IV.4** Inspira lentamente mientras abres el pecho y estiras los brazos hacia abajo, alejándolos de tu cuerpo y manteniendo las palmas hacia arriba.

- Al mismo tiempo, gira la parte superior del cuerpo y la cabeza hacia la derecha y mira hacia atrás por encima de tu hombro derecho tan lejos como puedas.
- Mantén el estiramiento durante algunos segundos.

**IV.5** Espira despacio mientras dejas flotar tus brazos lentamente hasta tenerlos de nuevo doblados sobre el pecho, con el brazo izquierdo sobre el derecho.

Repite la secuencia dos veces más, alternando la mirada a la izquierda y a la derecha hasta un total de tres veces por cada lado.

## movimiento IV. secuencia

Inspiración          Espiración

**Nota**: para asegurarte el máximo beneficio del Movimiento IV, no olvides dirigir a la inspiración hasta lo profundo del Dan Tien. Ten presente que cuando tienes el brazo izquierdo doblado sobre el derecho has de girar hacia la izquierda y viceversa. A medida que giras la parte superior del cuerpo y la cabeza, tu columna también rota, pero permanece recta en sentido vertical; no balancees ni arquees la columna.

Inspiración

Espiración

# Doblar el tronco y estirar el cuello

**Beneficios para la salud**: se dice que *Doblar el tronco y estirar el cuello* «tranquiliza el corazón fogoso». Los antiguos practicantes del Pal Dan Gum se «inclinaban ante las cuatro direcciones» para extinguir el «fuego» (estrés y tensión) acumulados en el corazón. Un exceso de fuego produce síntomas como dolor de cabeza, insomnio, agitación, reacciones de furia y elevación de la presión sanguínea: los síntomas que acosan al hombre moderno. El Movimiento V también incrementa la flexibilidad de la columna y fortalece la parte baja de la espalda, las caderas y los muslos. Los estiramientos de cuello fortalecerán y relajarán tu cuello, estirando los músculos que conectan la cabeza con los hombros. Como estos movimientos son anatómicamente inofensivos, cualquier incomodidad o molestia indica que existe un problema previo. En tal caso, consulta con un médico o sanador cualificado.

**V.1** Fluye suavemente hacia este movimiento dando un paso hacia la izquierda para separar los pies un poco más que la distancia entre los hombros.

- Dobla las rodillas hasta el punto de esfuerzo (posición de montar a caballo).
- Sitúa las manos sobre las caderas y manténlas allí, con los pulgares hacia la espalda y los dedos hacia la parte frontal del cuerpo.
- Dirige la mirada hacia delante.

**Doblar el tronco**

**V.2** Inspira lentamente mientras doblas el tronco lateralmente hacia la izquierda, con esfuerzo.

- Mantén el estiramiento unos segundos.
- Espira lentamente y vuelve a recuperar la posición de partida.

**V.3** Inspira despacio mientras doblas el tronco lateralmente hacia la derecha con esfuerzo.

- Mantén el estiramiento unos segundos.
- Espira lentamente y vuelve a recuperar la posición de partida.

**V.4** Inspira lentamente y dóblate hacia delante hasta ponerte en la posición de mirar entre tus propias piernas.

- Mantén la posición durante algunos segundos.
- Espira con lentitud y, *usando las piernas*, vuelve a elevarte lentamente hasta la posición de partida.

**V.5** Inspira lentamente y arquea la columna con suavidad hacia atrás sin cargar la parte inferior de la espalda, tirando de la cabeza y hombros hacia atrás mientras el pecho se expande hacia arriba y hacia fuera.

• Mantén la posición unos segundos.

**V.6** Espira lentamente y regresa flotando a la posición de partida.

Repite la secuencia dos veces más, doblándote hacia la izquierda, hacia la derecha, hacia delante y hacia atrás un total de tres veces en cada dirección. Mantén la cabeza, el cuello y la columna en línea recta.

**Estiramiento del cuello**

Mientras mantienes la posición de partida (montar a caballo), sigue con la segunda parte del Movimiento V.

**V.7**  Inspira lentamente y estira con suavidad la cabeza hacia la izquierda, de modo que tu oreja izquierda se dirija hacia el hombro izquierdo.

 • Espira despacio y retorna suavemente la cabeza a la posición vertical.

**V.8** Inspira lentamente y estira con suavidad la cabeza hacia la derecha, de modo que tu oreja derecha vaya hacia el hombro derecho.

• Espira despacio y retorna suavemente la cabeza a la posición vertical.

**V.9** Inspira y estira lentamente la cabeza hacia delante de modo que la barbilla se dirija hacia el pecho, tocándolo si es posible.

- Espira despacio y vuelve suavemente la cabeza hacia la posición vertical.

**V.10** Inspira con lentitud y dobla suavemente la cabeza hacia atrás de modo que la barbilla apunte hacia el cielo.

• Espira y retorna con suavidad la cabeza a la posición vertical.

Repite la secuencia dos veces más: oreja izquierda hacia el hombro izquierdo, oreja derecha hacia el hombro derecho, bajar la barbilla y volver a elevarla un total de tres veces en cada dirección.

**Nota**: Mantén la mandíbula relajada durante los estiramientos del cuello y recuerda no llevar el estiramiento hasta el límite de tu capacidad total. Mantén los hombros bajos y asegúrate de no elevarlos en los movimiento en que diriges las orejas hacia ellos. El Pal Dan Gum tradicional enseña un movimiento de rotación de cabeza durante el Movimiento V (como muchos otros ejercicios de Qi Gong y otras tablas de estiramiento). Sin embargo, como las articulaciones de tu cuello no tienen una configuración específica para efectuar esa rotación, su ejecución puede producir o empeorar enfermedades degenerativas de las articulaciones. Los movimientos de estiramiento de cuello que sugerimos aquí eliminan los giros de cuello, respetando así las limitaciones de nuestra anatomía.

# movimiento V. secuencia

### doblar el tronco

espiración  inspiración  espiración  inspiración ➔

### estiramiento del cuello

espiración  inspiración  espiración  inspiración ➔

espiración      inspiración      espiración      inspiración

espiración      inspiración      espiración      inspiración

# Tocarse los dedos de los pies y arquear la espalda

*Atención: Si tienes problemas en la parte inferior de la espalda, no realices este ejercicio hasta que lo apruebe un profesional de la salud cualificado.*

**Beneficios para la salud**: *Tocarse los dedos de los pies y arquear la espalda* abre los canales de Qi responsables de nutrir los órganos internos del cuerpo, beneficiando especialmente a los riñones y a las glándulas suprarrenales. También mejora la flexibilidad y la fuerza de la parte baja de la espalda, la cintura y las articulaciones de las caderas.

**VI.1** Fluye suavemente hacia este movimiento saliendo de la posición de montar a caballo de modo que tus pies estén a la distancia aproximada que hay entre los hombros.

- Permanece erguido, con los brazos relajados a ambos lados.
- Orienta los ojos hacia delante.

**VI.2** Inspira lenta y profundamente.

- Inclínate hacia delante y pellizca los lados de los dedos gordos de los pies o agárrate de los tobillos.
- Si es necesario, dobla las rodillas para no forzar la parte baja de la espalda.
- Mantén la posición unos segundos.

**VI.3**  Espira lentamente.

- Dobla las rodillas y, empleando las piernas, elévate con lentitud de vuelta a la posición de partida.
- Coloca las palmas de las manos sobre los riñones, aproximadamente al nivel de las costillas inferiores de la espalda.

**VI.4**  Inspira lenta y profundamente.

- Arquea el cuerpo y dóblalo hacia atrás hasta lograr un buen estiramiento *sin tensar la parte inferior de la espalda.*
- Mantén la posición unos segundos.

**VI.5** Espira despacio y regresa suavemente a la posición de partida.

Repite la secuencia dos veces más, doblándote hacia delante y hacia atrás un total de tres veces.

## movimiento VI. secuencia

inspiración            espiración

inspiración                        espiración

## movimiento VII

# Golpear con ojos iracundos

**Beneficios para la salud**: *Golpear con ojos iracundos* está diseñado para desarrollar la fuerza física de las piernas, los brazos y la parte superior de la espalda. También aumenta la fuerza de vida y revitaliza los órganos internos, especialmente el hígado y el corazón. A través de la descarga de ciertas energías negativas acumuladas, como la frustración y la ira, este ejercicio ajusta el Qi para devolver el cuerpo y la mente a un estado de equilibrio. El énfasis en mirar con ojos iracundos ha sido transmitido por los antiguos maestros de Qi Gong y tiene como fin mejorar la concentración y elevar el Shen, es decir, cultivar el poder espiritual que nos guía.

**VII.1** Entra fluidamente en este movimiento dando un paso hacia la izquierda, de modo que tus pies se queden aproximadamente a la distancia existente entre los hombros.

- Dobla las rodillas hasta el punto de tensión (la posición de montar a caballo).
- Abre mucho los ojos y siente que están inyectados de ira.
- Haz un gesto de rabia, mostrando los dientes apretados.
- Aprieta los puños y manténlos cerca del pecho, aproximadamente a la altura del corazón.

**VII.2**  Inspira lentamente y gira el tronco hacia la izquierda.

      • Lanza un golpe con el brazo izquierdo y el puño, espirando con un
        sonido de enfado al golpear.

**VII.3**  A continuación lanza un golpe con el brazo derecho y el puño mientras continúas espirando con un sonido iracundo.

**VII.4**  Gira el rostro hacia delante.

- Inspira lentamente y a continuación lanza dos golpes más, comenzando con el brazo y el puño izquierdos; espira emitiendo un sonido iracundo al golpear.

**VII.5**  A continuación lanza un golpe con el brazo y el puño derechos, pro-
longando la espiración con un sonido iracundo.

**VII.6**  Inspira lentamente y rota el tronco hacia la derecha.

    • Lanza dos golpes más, empezando con el brazo y el puño izquier-
dos, y emitiendo un sonido iracundo junto con la espiración al soltar el golpe.

**VII.7** Lanza un golpe con el brazo y el puño derechos, volviendo a emitir un sonido iracundo con la espiración.

• Inspira lentamente y gira el tronco una vez más hacia la izquierda.

Repite la secuencia dos veces más, dando un total de 18 golpes (seis hacia la izquierda, seis hacia el centro y seis hacia la derecha).

inspiración          espiración

espiración

espiración

**Nota**: Acumula energía durante la inspiración y a continuación descárgala con cada golpe. Al golpear, imagina que eres una serpiente atacando. Emite un sonido silbante, escupiendo el sonido mientras expulsas el aire entre los dientes. El Movimiento VII no es un ejercicio de artes marciales para desarrollar la fuerza de la pegada. Más bien se trata de lanzar los golpes con nervio y de manera deliberada, con la fuerza suficiente como para girar o tensar la columna vertebral y los brazos. Mantén el fuego en los ojos a lo largo del ejercicio y ten la sensación de sacar cualquier sentimiento de ira que haya quedado bloqueado. No enfoques la energía de tu ira en ninguna persona o ser vivo.

## movimiento VIII

# Elevar los talones para alejar las enfermedades

**Beneficios para la salud**: Parece muy adecuado acabar el Pal Dan Gum con un ejercicio especialmente diseñado para mantenerte en el óptimo estado de salud. Los antiguos creían que este ejercicio de *Elevar los talones para alejar las enfermedades* prevenía las enfermedades, fortaleciendo cuerpo y mente. Está diseñado para fortalecer el flujo de Qi a lo largo de la columna y el cerebro, y también se cree que masajea los órganos internos. Aunque este ejercicio no puede garantizar una vida libre de enfermedades, las pequeñas sacudidas que se realizan estimulan los puntos reflejos de las plantas de los pies. Este movimiento produce un efecto similar a la reflexología, estimulando los principales puntos de acupuntura para aliviar tensiones nerviosas y activar el potencial curativo corporal. También alivia los dolores corporales, especialmente los resultantes de las malas posturas. Elevarte sobre los dedos de los pies y mantener la posición durante un segundo (o dos si es posible) hará que se te fortalezcan enormemente los tobillos y los músculos de las pantorrillas, impidiendo así muchas de las lesiones deportivas más comunes, como esguinces de tobillo, calambres en las piernas y fisuras de la espinilla.

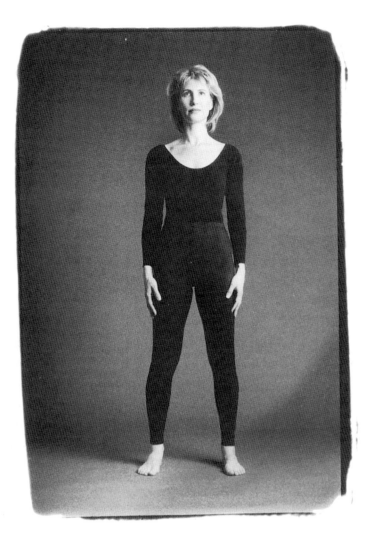

**VIII.1** Fluye con suavidad hacia el Movimiento VIII saliendo de la posición de montar a caballo para erguirte completamente.

- Estira hacia arriba la parte superior de la cabeza.
- Retrae ligeramente la barbilla.
- Lleva los hombros ligeramente hacia atrás.
- Presiona suavemente con las palmas sobre los muslos.
- Separa los pies a la distancia aproximada de la anchura de los hombros.

**VIII.2**  Inspira profundamente y eleva los talones todo lo alto que puedas, poniéndote sobre los dedos de los pies.

• Contén la respiración y mantén la posición durante uno o dos segundos.

• Baja los talones de modo que des a tu cuerpo una pequeña sacudida al descender.

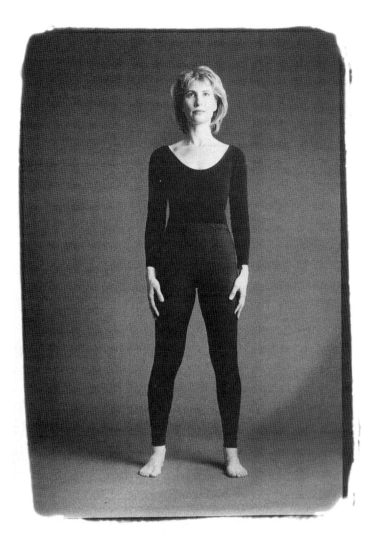

**VIII.3** Completa la espiración mientras regresas a la posición de partida.

Repite la secuencia nueve veces más, elevando los talones un total de diez veces.

# movimiento VIII. secuencia

inspiración                espiración

**Nota**: Durante este movimiento no hay tiempo para respirar con la lentitud habitual, por tanto concéntrate en inspirar profundamente hacia el Dan Tien y en respirar de manera uniforme. En mi práctica personal he modificado el Movimiento VIII para poder mantener los ojos cerrados mientras lo hago; en cualquier caso, esto es una alternativa opcional. Manteniendo los ojos cerrados aprendemos a enraizarnos con los pies y el vientre, siguiendo así la intención corporal natural en lugar de usar la vista para este fin. De este modo fortalecemos nuestras raíces, lo cual constituye un aspecto importante de la regulación corporal. Experimenta y empieza por practicar este ejercicio con los ojos abiertos para repetirlo después con los ojos cerrados. Notarás que es mucho más fácil mantener el equilibrio con los ojos abiertos porque éstos te ayudan a enraizarte, pero así estás «demasiado centrado en la cabeza». Si te resulta difícil mantener el equilibrio cuando subes los talones, con los ojos abiertos o cerrados, amplía la separación de los pies en la posición de partida hasta que puedas estar en equilibrio durante las diez repeticiones. A medida que tu equilibrio vaya mejorando con el tiempo, ve aproximando más los pies. Recuerda que has de mantener las rodillas sueltas y ligeramente flexionadas para que puedan absorber los impactos corporales.

**¡Enhorabuena!** Has completado los ocho movimientos de seda. Si lo deseas, junta las palmas de las manos por debajo de la barbilla e inclínate respetuosamente para expresar gratitud a los antiguos maestros que diseñaron estos sencillos pero poderosos ejercicios.

## capítulo 7

*La gente suele fracasar cuando está a punto de lograr el éxito.*
*Por tanto, presta tanta atención y pon tanto cuidado al final como al principio.*
*Así no se producirá el fracaso.*
—LAO TSÉ
*Tao Te Ching (64)*

# ¡Practicar bien!

En primavera de 1990 pasé varios días en un monasterio budista zen de Santa Fe, Nuevo México. En el camino de salida del aparcamiento podía leerse un cartel que decía: «¡Practica bien!» Esta sugerencia tan simple me pareció muy profunda y todavía sirve para recordarme que conseguiré de la práctica lo que ponga en ella.

Se dice que el Qi Gong es una «práctica» porque debe hacerse diaria y repetidamente para desarrollar y pulir ciertas capacidades. Dentro del contexto que estamos considerando, practicar bien significa llevar ropa suelta y cómoda, elegir un espacio meditativo para realizar los ejercicios e integrar la práctica en la vida cotidiana. También significa usar la correcta postura corporal, relajando y enraizando el cuerpo, estirándolo algo menos de su plena capacidad y tomando respiraciones ligeras, silenciosas y profundas mientras realizamos cada movimiento. Si se practica adecuadamente, afirmo que el Pal Dan Gum es más que una simple tabla de ejercicios: es un arte sanador y espiritual que nos ha sido transmitido a través de muchas generaciones de maestros de Qi Gong. Como muchas otras disciplinas energéticas, el Pal Dan Gum nos enseña un modo de afrontar todos los aspectos de la vida con salud, equilibrio y armonía.

Dominar el Pal Dan Gum requiere tiempo y disciplina. Debes convertirte en «discípulo» y practicar asiduamente con plena consciencia y esfuerzo sostenido. El *Tao Te Ching* nos enseña esta misma lección cuando afirma que el estudiante sabio aprende el correcto modo de ser y lo «practica con diligencia». Una vez más, debemos integrar la práctica en nuestra vida cotidiana y no tener que decidir cada día si queremos practicar o no. Podemos cultivar la autodisciplina y perfeccionar nuestra técnica no permitiéndonos saltar la práctica dos días seguidos. Esto resulta muy fácil porque el Pal Dan Gum sólo requiere seis minutos de principio a fin. Si quieres llegar a dominar el Pal Dan Gum y recibir sus numerosos beneficios, debes practicarlo con asiduidad y practicarlo bien. El aprendizaje del Pal Dan Gum es parecido a aprender a tocar el piano o destacar en una especialidad deportiva: requiere mucha práctica de calidad.

Si deseas realizar una sesión más larga o exigente existen varias formas de modificar la rutina habitual. La más sencilla es añadir repeticiones de cada uno de los ocho movimientos de seda (dobla el número de repeticiones si deseas realizar una sesión de doce minutos y triplícalo para una sesión de dieciocho minutos). Otra posibilidad es mantener más tiempo los estiramientos estáticos. En lugar del habitual segundo o dos, puedes mantener el estiramiento entre cinco y veinte segundos, pero no más. Si prolongas los estiramientos, inspira lentamente al comienzo del movimiento, contén la respiración mientras mantienes el estiramiento y a continuación espira lentamente mientras regresas a la posición de partida. Ésta es una manera fantástica de desarrollar la flexibilidad, siempre que realices el estiramiento a menos de tu plena capacidad y que te relajes en cada estiramiento. También es una manera ideal de realizar un calentamiento o de ir bajando el ritmo después de otras actividades atléticas. Si lo que deseas es más rato de práctica empleando la rutina habitual, aumenta el número de sesiones hasta dos o tres diarias. Recuerda que es mejor practicar correctamente una vez al día que repetir los movimientos de manera incorrecta diez veces diarias.

Por otra parte, si apenas tienes tiempo y sólo dispones de un par de minutos, realiza una forma abreviada de Pal Dan Gum haciendo cada movimiento una sola vez. Por ejemplo, si estás realizando el Movimiento II, «tensarás el arco» una vez hacia la izquierda y otra hacia la derecha; en el Movimiento V doblarías el tronco una vez a la izquierda, otra a la derecha, otra hacia delante y otra hacia atrás. Una sesión de dos minutos no es suficiente para despertar el Qi, pero sí para estirarse, relajarse y rejuvenecer los músculos cansados. También es posible realizar un ejercicio concreto por una razón particular. Por ejemplo, el Movimiento IV (*Girar la cabeza y mirar hacia atrás*) es una poderosa inyección de energía, por lo que si necesitas aumentar tu nivel energético puedes repetirlo de diez a veinte veces. En caso de sentirte frustrado o enfadado por alguna razón, puedes repetir diez veces el Movimiento VII (*Golpear con ojos iracundos*) para descargar la energía negativa y volver al estado de equilibrio emocional.

Una buena práctica requiere consciencia del cuerpo y de los sentidos. Cada vez que practiques el Pal Dan Gum, toma consciencia de cualquier zona donde sientas incomodidad física. Dichas zonas *no* suelen indicar la existencia de problemas que requieren la atención de un especialista de la salud. Lo más probable es que se trate de manifestaciones físicas de tensiones acumuladas y dolores psicológicos, contenidos y expresados en lenguaje corporal. Por ejemplo, una tensión en la mandíbula puede indicar que tienes resentimiento o ira reprimida. Los hombros tensos y elevados suelen indicar la existencia de ansiedad o miedo, aunque no nos demos cuenta de ello. Parte del proceso de curación consiste en abrirse y percibir esos patrones de tensión o energía bloqueada para después permitir que se liberen y se disuelvan. Esto ocurrirá espontáneamente a medida que practiques el Pal Dan Gum, porque cada movimiento hace que fluya la energía libremente a través de distintas partes del cuerpo. En cualquier caso, si sientes dolor o notas que tu estado empeora, consulta con un profesional de la salud antes de seguir adelante. En este sentido, practicar bien significa prestar atención y después ejercer el buen juicio y cuidar de uno mismo.

Una buena práctica también requiere ser consciente de la mente y de la experiencia mental. Como meditación-en-movimiento y disciplina espiritual, el Pal Dan Gum te pide que aceptas cualquier cosa que se presente durante la práctica o en relación a ella. Aceptación no significa aprobación: lo que se presente no tiene por qué gustarte. Simplemente acéptalo, dejándolo entrar y dándole un espacio. A continuación, si eres víctima de la impaciencia, («¿Cuándo conseguiré hacer bien este movimiento?») o del aspecto doloroso del deseo («¡Me sentiría muy feliz si desapareciera este dolor!»), simplemente date cuenta de tu pensamiento o sentimiento sin juzgarlo. El mismo remedio es aplicable a cualquier experiencia que pudiera interferir en tu práctica, ya se trate de aburrimiento, duda, decepción o cualquier otro estado de ánimo. En este caso no se trata de hacer uso de la filosofía «no empujes el río», que nos dice que debemos ser pacientes o permanecer desapegados, sino del cultivo de la consciencia que nos hace darnos cuenta de que estamos tratando de «empujar el río». Por tanto, simplemente toma consciencia de lo que surja, déjale espacio, permite que vaya y venga, y date cuenta de que lo que ocurra a continuación estará en gran medida determinado por cómo gestionas lo que está ocurriendo en el momento presente. En realidad, la cuestión no reside en lo que pueda surgir mientras practicamos o mientras vivimos la vida, sino en cuál es nuestra manera de afrontarlo.

La práctica no conduce a la perfección, pero una buena práctica hace que los beneficios del Pal Dan Gum se hagan permanentes. La clave reside en hacer las cosas bien cada vez que practiquemos. Puedes estar seguro de que estás haciendo las cosas bien si mientras practicas o inmediatamente después, sientes una o más de las sensaciones siguientes:

– Una calidez agradable asociada con la relajación.
– Una sensación de seguridad y de estar más enraizado en la tierra.
– Mayor claridad y tranquilidad mental.
– Sentirte más vivo, consciente o energetizado.

Practicar bien significa que es mejor realizar un movimiento con la respiración justa y ejecutando los desplazamientos corporales de manera adecuada que repetir muchas veces la secuencia completa de manera torpe. A medida que vayas practicando, irás perfeccionando la calidad de la ejecución y conseguirás el máximo beneficio de los ejercicios. Puedes esperar sentir algunos de los beneficios del Pal Dan Gum después de la primera sesión, como por ejemplo un alivio de la tensión muscular y emocional. Otros beneficios, como la mejora de la respiración y del sistema inmunológico, requerirán algo más de tiempo. No te desanimes si tardas un mes o dos en notar cambios estructurales duraderos en el alineamiento postural. El Pal Dan Gum produce unos resultados maravillosos. Practícalo bien y obsérvalos por ti mismo.

## capítulo 8

*Cuando los sentimientos y actitudes positivos o alegres pasan a través de cada órgano y circulan a través de todo nuestro sistema, nuestras energías físicas y químicas se transforman y se equilibran.*
—Tarthang Tulku

*El guerrero no trata de empujar el miedo lejos de sí. Por el contrario, considera que el miedo es el tronco que le permitirá encender el gran fuego de la intrepidez.*
—Cynthia Kneen

# Autocuración con el Pal Dan Gum

Una de las razones por las que quiero compartir este poderoso arte curativo con todo el mundo es que he empleado el Pal Dan Gum para recuperarme con éxito de una enfermedad mortal. En 1978, aproximadamente un año antes de ser introducido al Pal Dan Gum, me diagnosticaron un cáncer en el sistema linfático. Cuando se presentaron los primeros síntomas recibí un diagnóstico incierto y dos años después, el cáncer se había extendido y el diagnóstico fue mucho más preciso. El hecho de enterarme de que padecía cáncer hizo añicos mi autoimagen y mi concepto de mí mismo. Un día era un corredor de maratón de 35 años con una salud aparentemente perfecta, y al siguiente era un paciente de cáncer sometido a una sentencia de muerte. Digo esto porque mi médico me informó de que, como máximo, me quedaban cinco años de vida.

Cambié de médico porque temía que esa actitud pudiera ser contagiosa. La verdad es que me produjo mucho miedo y creo que el miedo no es una buena medicina. Encontré a un especialista en cáncer que entendía que la mente y el espíritu influyen en el cuerpo y que consideraba que la medicina moderna y la autocuración son complementarias. Me sometí a una quimioterapia agresiva y el cáncer remitió, aunque sólo durante un año, porque los tumores reaparecieron. En esta segunda ocasión recibí un tipo de quimioterapia menos agresiva y el cáncer volvió a remitir, pero los tumores reaparecieron en el plazo aproximado de un año. En ese momento uno de los tumores de mi cuello llegó a tener el tamaño de un albaricoque.

Con autorización médica, elegí descartar futuros tratamientos que hubieran supuesto más quimioterapia y más radiaciones. Como alternativa, centré mis esfuerzos en la autocuración y asumí un planteamiento de «esperar y ver». Decidí hacer del Pal Dan Gum una parte muy importante de mi estrategia de curación y tomarme la práctica más en serio. Realicé el compromiso conmigo mismo de seguir las directrices descritas en este libro. Nunca me perdía una sesión matinal o vespertina. Mejoré mi técnica concentrándome mucho en la respiración correcta, en realizar los movimientos con precisión, en relajarme en los estiramientos y en mantener expectativas positivas de recuperar mi salud óptima. Recé pidiendo que pudiera sentirme lleno de energía curativa y que pudiera convertirme en un «guerrero» con un corazón abierto y valiente.

Al renovar mi compromiso con la práctica correcta, el Pal Dan Gum cobró vida como una verdadera meditación en movimiento y una práctica espiritual. Anteriormente, debido a mi falta de atención al presente, había sido poco más que una tabla de ejercicios. Empecé a prestar más atención a lo que ocurría en el momento en lugar de juzgarlo. Cada momento era una oportunidad de vivir una vida espiritual: la forma de respirar, la forma de sostener el cuerpo y de moverme, la forma de relacionarme con los demás. El Qi Gong me despertó y empecé a practicar una forma de vivir más en armonía conmigo mismo y con el mundo que me rodeaba. Esto me puso en una posición mejor para aceptar las imperfecciones de la vida y para estar más en paz con cómo eran las cosas, incluyendo mi enfermedad y los sentimientos de disgusto que generaba.

Empecé a considerar mi enfermedad menos como una crisis y más como un desafío: no sólo se trataba de sanar físicamente, también era una oportunidad de convertirme en mejor persona y de ser más yo mismo. Pensé en mi cáncer como en una llamada al despertar o, como dice Bernie Siegel, «el botón que Dios pulsa para reprogramarte». Me di cuenta de que tenía que ser más abierto y amoroso conmigo mismo y con los demás, cambio que no resultó nada fácil. Había momentos en que la vida me parecía excesiva y me sentía agobiado y sobrepasado por las emociones negativas. Es evidente que nunca habría elegido tener un cáncer, pero la fría realidad era que estaba gravemente enfermo y mi vida estaba en juego. La cuestión no era «¿Por qué me ha tocado a mí?», sino «¿Qué me va a pasar ahora?» El Pal Dan Gum me dio un modo de responder al desafío cultivando mi totalidad corporal, mental y espiritual. Me permitió dirigir mis energías de autocuración y hacer de mi cuerpo un lugar inhóspito para las células cancerígenas. La práctica diaria me reconectó con mi cuerpo y eso ayudó al proceso de autocuración. El Pal Dan Gum se convirtió en un camino de despertar y de sanación.

Aunque me sentía esperanzado la mayor parte del tiempo, me resultaba muy difícil esperar a la siguiente revisión médica. Descubrí que me había obsesionado con mi enfermedad en lugar de dedicarme simplemente a vivir mi vida. Si el cáncer era una lección existencial, estaba aprendiendo que mi fe tenía que ser más fuerte. Adquirí el hábito compulsivo de palparme los tumores, midiéndolos con las puntas de los dedos. Lo hacía muchas veces al día y aunque no parecían crecer, tampoco parecía que redujeran su tamaño. No podía eliminar el miedo a morir de cáncer y minaba mis propios esfuerzos por curarme dedicándome a estas revisiones constantes. Volviendo la vista atrás, me doy cuenta de que trataba de hacer que se produjera la curación en lugar de quitarme de en medio y permitir que ocurriera.

Afortunadamente, cada uno de nosotros tiene una inteligencia innata o un sanador interno que sabe intuitivamente que está en su camino, y yo sabía que no podría curarme hasta que no dejase de preocuparme tanto con mis inspecciones diarias. Decidí abandonar mis preocupaciones y dejar que el médico me informara de la marcha de mi enfermedad en cada revisión. Esta decisión resultó más fácil de tomar que de llevar a la práctica. Por muy estresante que fuera la palpación de mis tumores, me resultaba difícil no hacerla. Insistía de manera especial en medir y sentir el gran tumor que tenía en el cuello, y a menudo tenía que negarme mentalmente a hacerlo. Al final, me las arreglé para ganar la batalla y conseguí no palparme los tumores durante dos meses: justo hasta la noche anterior a la cita médica.

Aquella noche viví el momento más imponente y definitorio de mi vida. Mientras volvía a casa del trabajo, descubrí que me estaba tocando el lado derecho del cuello con los dedos, tratando de sentir el gran tumor. La última vez que lo había palpado tenía la anchura de las puntas de mis dedos anular, corazón e índice (medía más de cinco centímetros). Racionalicé diciéndome que mi médico me examinaría al día siguiente y que unas pocas horas de no palparme no harían ninguna diferencia. Para mi sorpresa, el tumor había desaparecido. No es que fuera más pequeño, ¡sino que había desaparecido por completo! Comprobé rápidamente las otras áreas de mi cuerpo donde se habían desarrollado tumores, especialmente las axilas y las ingles. ¡Nada! Sólo había nodos de linfa carnosos, sanos y maravillosamente suaves. Me sentía tan feliz y lleno de gratitud que pensaba que iba a estallar antes de llegar a casa para contárselo a mi esposa. Recuerdo que volaba por la autopista gritando... «¡Gracias, Dios! ¡Gracias, Dios! ¡Gracias, Dios!» Como aquello tenía tintes milagrosos, ¡consideré que había ocurrido un milagro!

Al día siguiente acudí a la revisión. Mi médico me recibió con su habitual y apreciado humor preguntándome: «¿Cómo te va con esos bultos?» No respondí. Le pedí que me examinara y que me dijera lo que pensaba. En primer lugar me exploró el cuello, el lugar lógico donde empezar porque es donde había estado el mayor tumor. Parecía sorprendido. A continuación, con mucho cuidado y precisión, examinó el resto de mi cuerpo tomándose su tiempo y sin encontrar, aparentemente, nada anormal. Su expresión sorprendida dio paso a una mirada animosa y a continuación a una sonrisa de deleite. Nunca olvidaré lo que me dijo: «¡No sé qué estás haciendo, *pero sigue haciéndolo!*» Charlamos un rato, reconociendo la importancia del momento y por último salió de la habitación. Cuando me quedé solo, lloré de alivio y de alegría mientras le oía dictar un informe al otro lado del pasillo. Recuerdo que se detuvo en medio de una frase y unos segundos después volvió a entrar en la consulta. En esta ocasión dijo: «¡Me gustaría estrecharte la mano!» Sé que se sentía muy feliz por mí y además se había quedado anonadado. Las palabras no pueden llegar a expresar lo agradecido que me sentí aquel día y lo agradecido que me he sentido desde entonces. Me sentí como si hubiera ganado un enorme premio de la lotería sin apenas tener posibilidades, aunque en lugar de dinero, en mi caso el premio consistía en conservar la vida.

No puedo probar que el Pal Dan Gum me curara del cáncer porque mi estrategia de autocuración era cubrir todos los puntos importantes. Empleé una amplia variedad de prácticas y técnicas, tanto físicas como psicológicas y espirituales, para producir la curación. Lo que sí puedo afirmar es que el Pal Dan Gum formaba parte integral de mi régimen curativo porque es, en sí mismo, un modo de cubrir todas las bases. A nivel físico, cada uno de los ocho movimientos desbloquea los canales de Qi para nutrir el tejido celular corporal y restaurar un estado de óptima salud. A nivel psicológico, el Pal Dan Gum inicia el proceso de autocuración instaurando una actitud caracterizada por las expectativas positivas y favoreciendo la relajación profunda de cuerpo y mente. Como planteamiento espiritual y meditación en movimiento, el Pal Dan Gum cultiva un modo de vivir consciente, armonioso y centrado en el presente. Si tuviera que limitar mi régimen a sólo dos de los cientos de métodos de autocuración existentes, rezaría y practicaría el Pal Dan Gum.

## ¿qué es la salud óptima?

*El cuerpo sano es un campo energético fluido e interactivo. El movimiento es más natural para la vida que el no-movimiento: las cosas que fluyen son inherentemente buenas. Lo que impida el flujo tendrá efectos negativos.*
—VALERIE V. HUNT

Durante todo el libro se ha venido usando la noción de salud óptima sin haber dado una explicación completa de su significado. ¿Es la salud óptima la mera ausencia de enfermedades o implica la presencia de un bienestar óptimo y de una sensación de totalidad de cuerpo, mente y espíritu? Para responder a estas preguntas exploraremos dos modelos energéticos de la salud además del modelo oriental tradicional. Me estoy refiriendo al sistema de chakras, desarrollado hace miles de años, y a la teoría del campo electromagnético, surgida a lo largo del presente siglo. Usando los tres modelos integraremos el misticismo oriental y la ciencia occidental para llegar a una definición que tiene en cuenta la energía que circula dentro del cuerpo y el campo energético que se extiende más allá de éste.

El campo energético humano que se extiende más allá del cuerpo físico, invisible para todos nosotros excepto para los sanadores dotados de un don espiritual, es en realidad un fenómeno eléctrico medible. Para quienes pueden verlo es algo parecido a una nube con forma de huevo y llena de partículas cargadas eléctricamente que se extienden alrededor del cuerpo. Este campo energético corporal recibe diversos nombres: «aura», «cuerpo sutil», «cuerpo de luz» o «bioplasma»; yo simplemente lo denominaré «cuerpo energético» para distinguirlo del cuerpo físico. El cuerpo energético es realmente un campo electromagnético; es decir, tiene una carga que incluye componentes eléctricos y magnéticos. No estamos hablando de especulaciones infundadas, de misticismo vago o de sinsentidos de la Nueva Era. La existencia de un cuerpo energético que rodea al cuerpo físico ha sido comprobada por científicos contemporáneos de todo el mundo empleando los instrumentos bioelécricos más avanzados y equipos de telemetría propios de la era espacial.

La verificación de la existencia del cuerpo energético es coherente con la teoría unificada de Einstein; una hipótesis que combinó el conocimiento de los campos eléctricos y magnéticos para inferir la existencia de campos electromagnéticos no reconocidos previamente. Einstein tenía razón al asumir que toda materia está compuesta por estructuras energéticas organizadas caracterizadas por su fuerza electromagnética. Esto suena bastante complicado, pero sólo quiere decir que cada cosa está rodeada por su campo enérgetico, que puede concretarse en forma de una fragante rosa roja, nuestro cerebro pensante o el libro que estás leyendo ahora mismo. Así se confirma la suposición más fundamental de la filosofía médica oriental y la base de la teoría del Qi Gong, a saber: la existencia de una energía invisible llamada Qi que está presente en todo el universo. Los antiguos maestros también tenían razón al asumir que la cualidad de esa energía —el hecho de que fuera fuerte o débil, excesiva o deficiente, que fluyera o estuviera bloqueada— determina nuestro estado de salud.

El sistema de chakras es otra antigua manera de considerar el campo energético humano. Este marco de referencia en relación a la salud, la sanación y la espiritualidad parece haberse originado en India, para abrirse paso posteriormente hacia China junto con el budismo. Un chakra (palabra sánscrita que significa «rueda de fuego» o «vórtice de energía») es un centro energético del cuerpo humano. Según los antiguos sanadores hindúes y taoístas, estos centros girantes parecidos a ruedas reciben, almacenan y transmiten información energética asociada con nuestros pensamientos, sentimientos y experiencias. Hay un total de siete chakras, seis de ellos ascienden por la columna vertebral y el séptimo está situado en la parte superior de la cabeza. Cada uno de los chakras está asociado con diversas glándulas endocrinas, sistemas de órganos, plexos nerviosos, cuestiones emocionales y lecciones espirituales.

Los taoístas integraron el sistema de chakras con la teoría de la acupuntura hace miles de años. Asumieron que los chakras se conectan con los puntos de acupuntura corporales a lo largo de los doce meridianos principales (los canales de Qi correspondientes a un órgano específico, por ejemplo, el pulmón, el hígado o el intestino grueso) y los ocho canales extraordinarios (depósitos o reservas que ajustan el flujo energético de los canales principales para compensar excesos o deficiencias). Se cree que la energía gira e irradia a partir de los siete chakras formando el campo energético que se extiende más allá del cuerpo físico. Este cuerpo energético es un campo continuo que se extiende a distancias variables según la salud de la persona. Por ejemplo, cuando nos sentimos bien físicamente y experimentamos felicidad o amor, o cuando nos sentimos espiritualmente centrados y totales, nuestro campo energético se expande. Cuando estamos enfermos, respiramos humos de los tubos de escape en medio de un atasco de tráfico o estamos desesperados porque nuestra vida carece de sentido, nuestro campo se contrae.

Nuestros cuerpos vibran constantemente y cada chakra emite energía de una frecuencia vibratoria única y específica. Es algo análogo a los distintos tonos musicales que emanarían de un instrumento de siete cuerdas que conectásemos a un aparato de registro. En el caso ideal, el instrumento estará afinado y cada cuerda estará adecuadamente sintonizada con las demás, de manera que haya una armonía de tonos. Así, al tañer sus cuerdas, nuestro hipotético instrumento produciría sonidos armoniosos. Lo mismo sucede con los chakras. Cuando las energías que emanan de los siete chakras son armoniosas y vibran en la relación adecuada unas con otras, se dice que están sincronizadas. Esto produce una sensación general de bienestar físico y emocional. Por el contrario, cuando los chakras no están sincronizados, el campo se altera y el resultado será una enfermedad en el lugar donde se haya producido la desarmonía.

Integrando los distintos modelos de salud (el de la medicina oriental tradicional, el sistema de chakras y la teoría del campo electromagnético) llegamos a la definición siguiente: *La salud óptima es una condición en la que el Qi está equilibrado y fluye por los meridianos corporales, los chakras están sintonizados y el cuerpo energético irradia y se expande.* Ésta es una definición a la medida del usuario, pensada para desafiarte a que vayas más allá de las teorías mecánicas de la salud que nos ofrece la medicina moderna. A la luz de las nuevas pruebas presentadas por la medicina vibracional, coherentes con la teoría del Qi Gong, se considera que la vida es un fenómeno eléctrico, la salud una condición energética del cuerpo, y la sanación una respuesta a los cambios producidos en el campo electromagnético. Dentro del marco de esta definición, el Pal Dan Gum es una serie de ejercicios que producirán una enorme mejora de tu flujo energético, orientándolo hacia la fuerza y el equilibrio.

# ¿cómo se produce la sanación a través del pal dan gum?

*Una de las claves de la curación es considerar la totalidad*
*del organismo como movimiento.*
—EMELIE CONRAD-DA'OUD

Si definimos la salud como un libre flujo de Qi, chakras sincronizados y un cuerpo energético radiante, la sanación es la capacidad del propio cuerpo para restaurar su salud. La autocuración se produce cuando el cuerpo dedica sus energías a recuperar su memoria genética de bienestar. Sanar es recuperar la salud, retirando las obstrucciones y alteraciones del flujo energético. Estas observaciones son ciertas tanto si se trata de un campo de nodos linfáticos cancerosos, como cualquier otro campo asociado con el organismo humano. Y siguen siendo ciertas tanto si el campo está alterado por el virus común del catarro como por el fatídico virus del SIDA. A medida que el campo energético mejora su fuerza y armonía, el sistema inmunológico responde diferenciando el yo (células corporales) del no-yo (células cancerígenas o virus) para neutralizar el agente causante de la enfermedad. Si el campo alterado de la enfermedad es sustituido por un campo fuerte y radiante de energía, la respuesta inmunológica tendrá éxito y el tejido celular se regenerará.

Ahora vemos cómo el Qi Gong en general, y el Pal Dan Gum en particular, tienen la capacidad de sanar una enfermedad tan grave como el cáncer. Una vez más, no puedo probar que el Pal Dan Gum me curara del cáncer porque realizaba muchas prácticas simultáneas: rezaba, meditaba, visualizaba un sistema linfático sano, trataba de mantener relaciones amorosas, etc. En cualquier caso, en diversos libros y revistas orientales se menciona la curación a través del Qi Gong de diversos cánceres y otras enfermedades. Esta afirmación tiene sentido si tenemos en cuenta que todos los métodos de Qi Gong están diseñados para producir los beneficios siguientes (existen otros, pero todos los métodos tienen estos tres en común):

– Relajación profunda y alivio de tensiones.
– Respiración más profunda y eficiente.
– Una actitud basada en expectativas positivas.

Las investigaciones han demostrado que cada uno de estos beneficios están asociados con la autocuración a nivel celular, e incluso molecular. La psicoinmunología, que estudia la interacción entre cuerpo y mente, ha sido la encargada de llevar a cabo estos estudios, aunque lo que no queda tan claro es cómo llega a ocurrir este proceso. Tal vez la esperanza y las expectativas positivas activan el proceso de autocuración, mientras que la relajación profunda y la respiración adecuada mejoran el campo energético humano.

Sabemos que los campos energéticos dentro y fuera del cuerpo humano vibran continuamente. La enfermedad se produce cuando el cuerpo pierde su pauta vibratoria natural debido a la interferencia de un patrón alterado causado por células o virus anormales. Si un agente enfermizo se adueña del organismo, las energías corporales dejan de estar en equilibrio, de fluir y de mantenerse sincronizadas. Esto acabará produciendo la disfunción en órganos y sistemas y la aparición de síntomas, a través de los cuales el cuerpo nos informa de que ha perdido su vibración natural. El Pal Dan Gum activa la capacidad corporal innata y natural de adaptarse a campos energéticos alterados o «desincronizados». Sus delicados movimientos de estiramiento aseguran que los canales energéticos corporales reciban un flujo energético libre y adecuado. Esto equilibra el flujo de Qi en los meridianos y sincroniza los chakras conectados a ellos.

El Pal Dan Gum sigue los principios teóricos de la acupuntura. La integración de movimiento y meditación regula el cuerpo, ajustando sus energías para producir un funcionamiento adecuado. Esto es necesario porque a lo largo de cada meridiano hay lugares donde el Qi se bloquea fácilmente. Los puntos vulnerables o lugares de estancamiento son los puntos de acupuntura corporales. Son al mismo tiempo indicadores de posibles problemas y lugares de tratamiento. Como los meridianos están conectados con los chakras, un Qi bloqueado o insuficiente hará que los centros energéticos no estén sincronizados. Los antiguos sanadores ajustaban los puntos de acupuntura insertándoles agujas (acupuntura) o presionando con los dedos (acupresión) a lo largo de los senderos bloqueados. Estas técnicas liberan y dirigen el Qi estancado y restauran un flujo de energía equilibrado en todo el cuerpo. Así, practicar el Pal Dan Gum es como practicar acupuntura sin agujas o acupresión sin presión de los dedos. No se trata de una «pseudociencia». El sistema de meridianos y la eficacia de los puntos de acupuntura y de acupresión ha sido demostrada y verificada por la ciencia médica occidental empleando sus modernos métodos de investigación.

¿Cómo afecta exactamente el Pal Dan Gum al sistema de meridianos y al flujo de Qi produciendo una mejora de la salud? Para responder a esta cuestión echaremos mano de una metáfora: Imagina que el agua (o energía) fluye libremente a lo largo de una manguera (o canal de Qi). Suponiendo que no haya bloqueos, el agua fluirá sin interrupción hacia su destino (u órgano corporal). Sin embargo, si la tubería tiene un atasco en algún punto del camino, habrá un exceso de agua en la parte de la tubería que queda antes del bloqueo (produciendo un síntoma yang) y una falta de agua en la que queda más allá (produciéndose un síntoma yin). El lugar donde se produce la obstrucción corresponde al punto de acupuntura que necesita tratamiento para que el agua recupere su flujo. Los estiramientos que practicamos en el Pal Dan Gum son un modo de tratar la manguera atascada, estirándola. Esto tiene el benéfico e inmediato efecto de retirar constricciones molestas, fortaleciendo y equilibrando así el flujo de agua de modo que no sea ni demasiado yin ni demasiado yang. Así es como el Pal Dan Gum asegura que cada meridiano será abastecido por un flujo de Qi equilibrado y sin obstrucción, alimentando de este modo cada fibra y célula corporal, cada nervio y músculo, cada órgano y glándula, cada subsistema corporal.

Según la filosofía médica oriental, el Qi Gong es tanto un arte como una ciencia. Como ciencia, existen gran variedad de pruebas experimentales que documentan sus efectos positivos sobre los sistemas cardiovascular, respiratorio, nervioso, digestivo e inmunológico. Como arte de sanación, equilibra el yin y el yang para dar al cuerpo energía abundante y armoniosa, al tiempo que cultiva una actitud positiva de afirmación de la vida. Como otras formas de Qi Gong, el Pal Dan Gum asume que nuestra energía busca la salud de manera natural. Los antiguos maestros reconocieron que el organismo humano es una entidad autorregulada que inicia su propio proceso de curación y descubrieron que la combinación de movimiento y meditación es una manera natural de activar dicho proceso. Así es como el Pal Dan Gum sana las enfermedades. Asegurando un flujo libre de Qi, sincronizando los chakras, y expandiendo el cuerpo energético, el cuerpo físico recupera la memoria genética de su bienestar.

*La meditación tiene que ver con la apertura de lo que está cerrado en nos-otros, equilibrando lo reactivo, y explorando e investigando lo oculto. Ésta es la razón de la práctica. Practicamos para abrir, equilibrar y explorar.*
—JACK KORNFIELD.

# Dos Meditaciones de Qi Gong para la Salud y la Sanación

La meditación, piedra angular de la filosofía oriental durante miles de años, está relacionada con el despertar de nuestra mente y con prestar atención a lo que nos ocurre en el aquí y ahora. Como hemos visto, el camino medita-tivo nos ayuda a desarrollar la presencia mental y la ecuanimidad. Dichas cualidades nos estabilizan de tal modo que tendemos más a responder emo-cionalmente y menos a reaccionar emocionalmente; tendemos más a ser como la montaña inamovible y menos como el volcán activo. La meditación también es un modo de producir el patrón respiratorio adecuado y una libe-ración de las tensiones corporales. Por tanto, la meditación forma parte inte-gral de la práctica porque regula simultáneamente la respiración, el cuerpo y la mente. Cuando meditamos, aprendemos a vivir en equilibrio y armonía con el mundo y con nosotros mismos.

El Qi Gong activo, una de cuyas formas es el Pal Dan Gum, es un tipo de meditación-en-movimiento diseñada para conseguir que el Qi fluya libremente. Como hemos aprendido, emplea movimientos para acumular y equilibrar el Qi que alimenta la conexión entre cuerpo, mente y espíritu, pero su primera intención es mejorar la salud corporal. El tipo de meditación cuya primera intención es mejorar la salud mental recibe el nombre de Qi Gong pasivo. Generalmente requiere sentarse en silencio para cultivar la tranquilidad, cualidad mental caracterizada por la paz y la serenidad. El rasgo distintivo del Qi Gong pasivo es que trabaja nuestra energía para producir la sanación del cuerpo y de la mente.

Existen muchos modos distintos de meditar y de usar los principios del Qi Gong para entrar en el estado meditativo. El antiguo canon taoísta, una colección de más de mil volúmenes, contiene cientos de meditaciones y visualizaciones orientadas a la sanación. Esto me recuerda la historia del hombre que estaba escalando una montaña muy alta. Al ver que otros tomaban rutas alternativas, e incluso que iban en la dirección opuesta, pensó:_«Ignorantes, están tomando el camino *equivocado*. ¡Nunca llegarán a la cima!» Continuó con lo que resultó ser una larga y dificultosa ascensión hasta llegar a la cumbre. Al llegar allí, nuestro hombre descubrió que los necios que habían tomado la ruta alternativa ya habían llegado. Esta historia pone de relieve la idea de que el Qi Gong es uno de los muchos métodos de entrar en el estado meditativo; en concreto, es un método que se centra en el trabajo energético para equilibrar yin y yang y mejorar la salud. Sus objetivos son similares a los de otros senderos, ya que todos buscan concentrar la atención, calmar la respiración, liberar tensión emocional y mantener la paz interna.

El resto del presente capítulo presenta dos métodos de meditación sentada. Ambos son elegantes y fáciles de practicar, y consideran el Qi Gong pasivo como complemento de la práctica activa. El primer método se centra en la justa respiración (Dan Tien) y el segundo es una visualización con propósitos curativos que incluye los siete chakras del cuerpo humano. Prueba ambos y elige el que intuitivamente te parezca mejor para ti y para tus fines personales. La primera meditación ayuda a mejorar la respiración, y la segunda (visualización) tiene por objetivo sincronizar los centros energéticos. Ambas son excelentes para calmar la mente y sanar el cuerpo, pero son necesariamente breves dado que ese libro está dedicado fundamentalmente al Qi Gong activo. Si deseas aprender algo más sobre la meditación sentada, hay muchos y excelentes libros sobre el tema, aunque las intrucciones de un maestro experimentado son insustituibles.

# meditación de qi gong para
# centrarse en el dan tien

Elige un lugar tranquilo donde sepas que nadie va a molestarte. Siéntate cómodamente en una silla o sobre un cojín con la espalda recta y los pies apoyados en el suelo. Cierra los ojos y orienta la atención hacia la zona del Dan Tien (aproximadamente la anchura de tres dedos por debajo del ombligo y unos cinco centímetros dentro de tu cavidad abdominal). Relájate y disfruta de esta oportunidad de respirar adecuadamente y rejuvenecer tu cuerpo y tu mente.

Toma una inspiración ligera y silenciosa hacia el Dan Tien; a continuación realiza una pausa momentánea y seguidamente espira lenta y completamente. Haz otra pausa momentánea y una nueva inspiración ligera, silenciosa y profunda; vuelve a hacer otra breve pausa y a continuación espira lentamente; sigue practicando este ciclo respiratorio. Deja que cada respiración se hunda profundamente hacia el Dan Tien, tu «centro de energía vital». Si puedes, inspira y espira a través de las fosas nasales. Si no puedes respirar cómodamente a través de la nariz, frunce ligeramente los labios para hacer que tu inspiración sea una leve corriente de aire.

Dirige la atención hacia las sensaciones (no la idea) de tu abdomen que se está expandiendo y contrayendo. Practica la atención al momento presente dándote cuenta de cualquier sensación que surja en el Dan Tien. Cuando tu mente se distraiga con pensamientos o imágenes, regresa con la atención a la respiración (ligera, silenciosa, profunda) y a las sensaciones de expansión y contracción. En otras palabras, cualquier distracción que retire la atención de las sensaciones respiratorias ha de ser empleada para volver a orientar la atención a esas mismas sensaciones. Sigue estas instrucciones durante un cierto periodo de tiempo (entre 10 y 20 minutos) y, cuando te sientas preparado, abre los ojos.

# meditación de qi gong para
# equilibrar y sincronizar los chakras

Elige un lugar tranquilo en el que no vayas a sufrir distracciones. Siéntate cómodamente sobre una silla o cojín para mantener la columna erguida y apoya los pies en el suelo. Deja que se te cierren los ojos y prepárate para centrarte en tus siete chakras, uno a uno, con atención enfocada. Recuerda que los chakras son centros de energía conectados con los meridianos y puntos de acupuntura corporales. Cada chakra recibe, almacena y transmite información energética, abasteciendo de fuerza de vida a cada tejido celular, órgano y estructura corporal. Relájate y date la oportunidad de mejorar tu campo energético equilibrando y sincronizando los chakras para alcanzar una salud óptima.

Dirige tu atención al primer chakra o chakra raíz situado en la base de tu columna vertebral. Activa el chakra imaginando que inspiras y espiras a través de ese punto focal. Con cada respiración, visualiza un bola de energía roja y vibrante que gira y dibuja espirales en la parte anterior de tu cuerpo y en tu campo energético.

## Chakras corporales

Siente tu energía equilibrándose perfectamente para estimular
tu sistema inmunológico y fortalecer tus piernas y tus pies.

Centra tu atención en el segundo chakra, situado en un punto entre los órganos sexuales internos y la parte inferior del abdomen. Activa el chakra imaginando que respiras a través de ese centro focal. Con cada respiración, visualiza una brillante bola de energía de color naranja girando y dibujando espirales en la parte inferior de tu abdomen y en tu campo energético. Siente tu energía equilibrándose perfectamente y revitalizando tu vejiga y órganos sexuales.

Enfoca la atención en el tercer chakra, situado en un punto justo por encima del ombligo, en el plexo solar. Activa el chakra imaginando que inspiras y espiras a través de ese centro focal. Con cada respiración, visualiza una brillante bola de energía amarilla girando y dibujando espirales que salen a través del abdomen hacia tu campo energético. Siente que tu energía se equilibra perfectamente y nutre tu estómago, hígado, bazo, riñones, páncreas, glándulas suprarrenales y sistema nervioso autónomo.

Centra tu atención en el cuarto chakra o corazón, situado en el centro del esternón. Activa el chakra imaginando que inspiras y espiras a través de ese punto focal. Con cada respiración, visualiza una brillante bola de energía verde que gira y dibuja espirales saliendo por la parte delantera del pecho hacia tu campo energético. Siente cómo tu energía se equilibra perfectamente fortaleciendo tus hombros, brazos, pulmones, corazón y sistema circulatorio.

Centra tu atención en tu quinto chakra, situado en la base de la garganta. Activa el chakra imaginando que inspiras y espiras a través de ese punto focal. Con cada respiración, visualiza una bola de energía de color azul brillante que gira y sale dibujando espirales a través de la zona de la garganta hacia tu campo energético. Siente la energía equilibrándose perfectamente y nutriendo el tejido celular que rodea al chakra, incluyendo la garganta, la boca, los dientes y las encías.

Centra tu atención en el sexto chakra, situado en un punto ligeramente por encima y a medio camino entre las cejas (el «tercer ojo»). Activa el chakra imaginando que respiras a través de ese punto focal. Con cada respiración, visualiza una brillante bola de energía de color morado que gira y dibuja espirales, saliendo por el tercer ojo hacia tu campo energético. Siente la energía equilibrándose perfectamente y vivificando la zona de los ojos, los oídos, la nariz, el cerebro y la médula espinal.

Centra la atención en el séptimo chakra o corona situado en la parte superior de la cabeza. Activa el chakra imaginando que respiras a través de ese punto focal. Con cada respiración, visualiza una brillante bola de energía de color violeta que gira y sale dibujando espirales a través de la coronilla hacia tu campo energético. Siente que la energía se equilibra perfectamente, nutriendo tu sistema músculoesquelético y tu piel, y vivificando tu espíritu.

Ahora un brillante campo de energía se extiende a partir de tu cuerpo físico e irradia mostrando todos los colores del arco iris. Este cuerpo de luz y color es la expresión natural del Qi que fluye a través de tu cuerpo físico hacia tu cuerpo energético. Ahora cada chakra está equilibrado dentro de sí mismo y sincronizado con los otros seis chakras que conforman la trama energética completa. Como tus chakras están sincronizados entre sí, tu cuerpo, mente y espíritu forman una totalidad integrada llena de poder personal y espiritual. Cada célula, músculo, órgano y sistema interactivo de tu cuerpo físico está saturado del poder curativo de la energía que fluye libremente, la energía de la vida. Dedica algún tiempo a recrearte en la calidez e irradiación de tu saludable campo energético y siente su apoyo durante todo el día.

Querido lector:

El hecho de haber tenido ocasión de conocer el Pal Dan Gum en 1979 actualmente me parece providencial, ya que me he beneficiado inmensamente de su práctica diaria. Escribir este libro y compartir mi gratitud es la mejor manera que conozco de expresar mi sincero agradecimiento a los maestros que dieron origen al Pal Dan Gum, así como a todos aquellos que lo han transmitido a lo largo de tantas generaciones. Ahora yo te lo transmito. Todo lo que necesitas saber está en las páginas anteriores: la manera correcta de ejecutar los movimientos, cómo respirar y estirarse adecuadamente y cuáles son las directrices a seguir para lograr el éxito.

Ahora te toca a ti. Espero que las instrucciones sean lo suficientemente claras para que puedas comenzar una práctica asidua. Si lo haces, estoy seguro de que tú también conseguirás beneficios significativos a nivel físico, psicológico y espiritual,  practicando estos simples y poderosos ejercicios. Como meditación-en-movimiento, el Pal Dan Gum te ofrece un camino de despertar y sanación para toda tu vida; verdaderamente, es un camino hacia la salud óptima. ¡Practica bien!

Sinceramente,

*Stan*

Doctor Stanley D. Wilson.

Acharya, P. (1975). *Breath, sleep, the heart, and life*. Clearlake Highlands, CA: The Dawn Horse Press.

Carlson, R., & Shield, B. (Eds.) (1989). *Healers on healing*. Nueva York: P. Putnam's Sons.

Cohen, K.S. (1997). *The way of qigong: the art and science of Chinese energy healing*. Nueva York: Ballantine Books.

Dong, P., & Esser, A.H. (1990). *Chi gong: the ancient Chinese way to health*. Nueva York: Marlowe & Company.

Epstein, M. (1995). *Thoughts without a thinker: psychotherapy from a Buddhist perspective*. Nueva York: Basic Books.

Goldstein, J., & Kornfield, J. (1987). *Seeking the heart of wisdom*. Boston, Mass: Shambhala Publications.

Hanna, T., (1988). *Somatics: reawakening the mind's control of movement, flexibility and health*. Nueva York: Addison-Wesley Publishing Company.

Hunt, V.V. (1989). *Infinite mind: the science of human vibrations*. Malibú, CA: Malibú Publishing Company.

Jwing-Ming, J. (1988) *The eight pieces of brocade: a wai dan chi kung exercise set*. Jamaica Plain, Mass: YMAA Publication Center.

Jwing-Ming, J. (1989). *The root of Chinese chi kung: the secrets of chi kung training*. Jamaica Plain, Mass: YMAA Publication Center.

Kornfield, J. (1993). *A path with heart: a guide through the perils and promises of spiritual life*. Nueva York: Bantam Books.

Laskow, L. (1992). *Healing with love: a physician's breakthrough mind/body medical guide for healing yourself and others: the art of holoenergetic healing*. Nueva York: Harper Collins.

Le, K. (1996). *The simple path to health: a guide to oriental nutrition and well-being*. Portland, OR: Rudra Press.

Nhat Hanh, T. (1995). *Living Buddha, living Christ*. Nueva York: G.P. Putnam's Sons.

Ni, H. (1994) *Strength from movement: mastering chi*. Santa Mónica, CA: Seven Star Comm.

Ni, H. (1996). *The eight treasures*. Santa Mónica, CA: Seven Star Comm.

Shih, T.K. (1994). *Qi gong therapy: the Chinese art of healing with energy*. Barrytown, NY: Station Hill Press.

Teeguarden, I. (1978). *Acupressure way of health: jin shin do*. Tokio: Japan Publ.

Tse, M. (1995). *Qigong for health and vitality*. Nueva York: St. Martin's Griffin.

Tzu, L., traducido por Feng, G., & English, J. (1972). *Tao Te Ching*. Nueva York: Random House.

Wang, S. & Liu, J.L. (1994). *Qi gong for health and longevity: the ancient Chinese art of relaxation, meditation, physical fitness*. Tustin, CA: The East Health Development Group.

Wu, Z. & Mao, L. (1992). *Ancient way to keep fit*. Bolinas, CA: Shelter Publ.

Zi, N. (1994). *The art of breathing*. Glendale, CA: Vivi Company.

# biografía del autor

Stanley Wilson nació en 1944 en Seattle, Washington, y creció en la costa noroeste del Pacífico. Se licenció en psicología en el Whitman College de Walla Walla, Washington, en 1967 y prosiguió sus estudios realizando un master en la Universidad de California en Los Ángeles.

Durante los cinco años siguientes hizo numerosos viajes por Estados Unidos y Europa, volviendo posteriormente a la universidad para completar su doctorado en psicología clínica en la California School of Professional Psychology de Los Ángeles.

Mientras trabajaba en su doctorado, el doctor Wilson estudió durante tres años en el Center for the Healing Arts de Los Ángeles, donde conoció las artes físicas taoístas, entre otras el Tai Chi Chuan. Fascinado por la medicina oriental tradicional, estudió con Iona y Ron Teeguarden en el Taller de Acupresión de Santa Mónica, California, donde Iona le enseñó el Pal Dan Gum (ocho movimientos de seda), antigua meditación en movimiento y forma de Qi Gong (trabajo energético).

En enero de 1980, el doctor Wilson regresó al estado de Washington y abrió su propia consulta de psicólogo clínico. Unos meses más tarde, le fue diagnosticada una enfermedad mortal, y dado su avanzado estado, le informaron de que sólo le quedaban cinco años de vida. Esta crisis aceleró su despertar espiritual y revitalizó su interés por las artes orientales de la sanación. El doctor Wilson atribuye su milagrosa recuperación al poder de la oración y a los extraordinarios efectos de su práctica cotidiana del Pal Dan Gum.

# índice